精确导购

JING QUE DAO GOU

姚常珠 | 著

YAO CHANG ZHU　ZHU

山东人民出版社 · 济南

国家一级出版社 全国百佳图书出版单位

图书在版编目(CIP)数据

精确导购/姚常珠著. —济南：山东人民出版社，2011.10（2018.8 重印）

ISBN 978－7－209－05933－6

Ⅰ.①精… Ⅱ.①姚… Ⅲ.①销售—方法 Ⅳ.①F713.3

中国版本图书馆 CIP 数据核字(2011)第 215334 号

责任编辑:常纪栋

封面设计:彭　路

精确导购

姚常珠　著

山东出版传媒股份有限公司

山东人民出版社出版发行

社　址:济南市英雄山路 165 号　邮　编:250002

网　址:http://www.sd-book.com.cn

发行部:(0531)82098027　82098028

新华书店经销

山东华立印务有限公司印装

规　格　16 开(169mm×239mm)

印　张　13.25

字　数　200 千字

版　次　2011 年 10 月第 1 版

印　次　2018 年 8 月第 3 次

ISBN 978－7－209－05933－6

定　价　26.00 元

如有质量问题,请与印刷厂调换。　电话:(0634)6216033

序

终端导购，是企业销售、完成价值转化的临门一脚。很多企业投放了巨额广告，吸引顾客来到各种形式的终端柜台前，但往往就是因为导购员的语言或态度失误，导致顾客拂袖而去。目前，国内对这方面的研究比较少，但导购又是企业市场营销岗位最需要的技能。很多企业产品一旦进入柜台，基本都要配置导购人员。尽管导购成为产品销售的临门一脚，但多数企业对导购人员的培训，仅仅集中于产品知识的培训，以为懂得产品知识就行了。从现有的调研来看，掌握产品知识是远远不够的，导购人员还需要掌握顾客的购买心理。但多数企业对导购人员的培训，恰恰缺乏心理培训，而这是导购人员必须掌握的关键技术。

具体来讲，终端导购有四个作用：

一、导购，是企业和顾客完成价值交换的结合点。

顾客是在柜台上购买企业生产出来的产品。当同行业产品集中陈列在商场时，顾客并不了解这些同类产品的特点及差异。此时，特别需要导购员能够给予帮助。

二、导购，是企业对代理商加快资金回收的最大支持。

无论是批发商还是零售商，他们经商的动机，都具有明显的三个特点：第一，追求本金的安全性。即保证买卖不赔钱。要保证不赔，关键是价格体系要稳定，不发生低价格竞争。否则，刚刚进货价格即下降，损失就是必然。第二，追求资金的流动性。即保证货物不滞销压货，否则，流动资金被占用，就无法创造利润。因此，一旦付款进货后，代理商必然希望尽快销售出去。第三，追求销售的盈利性。即在保证不赔本、不滞销的前提下，再考虑尽可能多地赚钱。对多数商业顾客来讲，每次进货决策，都要盘算估计这三个动机的现实性。在进货决策过程中,这三个动机的重要性还有先后顺序:最重要的是安全性,其次是流动性,第三是盈利性。

导购的直接作用,就是加快柜台实实在在的销售,从而对商家提供最大的支持。

三、导购,是检验企业是否了解和理解顾客需求的环节。

市场营销的核心,是发现需求、创造需求、满足需求。即必须以顾客需求为核心从事产品的开发、宣传。因此,柜台销售就像政治选举,所用的选票直接就是钞票。

企业所做的所有工作,最终要用数字说话,这个数字就是销售业绩。就是在柜台上,顾客投给你多少选票。

顾客根据什么决定自己的选票投给谁呢?就是自己的需要。而顾客的需要不会自动表现出来,也不会主动告诉我们,这就需要导购员在现场,通过与顾客的沟通来了解和理解。

四、导购,是展现品牌形象的所在。

多数企业没有实力投放巨额广告费,但是,每个企业都希望建立自己的品牌。为此,多数企业所能作出的最有效的选择,就是通过商场的展台,以产品实物方式来展示自己的品牌。但是,产品自己不会说话,需要商场柜台品牌代言人即导购员来沟通。

于是,导购成为民用产品加强营销的最前沿。顾客的购买决定,最终都具体到一个一个的柜台上,从而导致产品营销竞争最终是在柜台上展开。

本书基于两个方面对精确导购进行研究:

第一,通过识别导购过程的因素,建立提升导购效率的基本要素,为专业训练提供可靠的理论基础。导购是一个实践性极强的工作,目前,还基本处于操作实践活动的层面,对导购过程的详细分解和理论研究,还是非常缺乏的。如果我们能把导购过程的要素识别出来,并进行影响机制的研究,再按照重要性,将这些要素进行分类研究,将会极大地提高导购效率。

第二,通过导购技能评估,建立导购技能评估的基本标准,为专业教育提供可靠的等级标准。作为一门技术,导购人员的技能存在水平差异,目前,企业在实践中,采取的是结果主义,也就是根据导购的业绩结果来确定导购人员的等级。这就意味着企业要为此付出很高的成本,因为结果的体现,需要一定的时间。为了使导购技能教育循序渐进,就要将导购技能划分为不同等级,这就需要进行导购技能划分标准的研究。

本书从三个方面对精确导购进行描述：

第一，建立精确导购模型，通过案例和理论研究，总结出精确导购的基本要素及其相关性，也就是精确导购模型。

第二，精确导购模拟演练程序的设计，即把市场训练转化在课堂具体教学环节中如何进行角色演练、演练讨论、演练评析、演练改进等具体的程序设计上。

第三，精确导购实践的设计，即在完成模拟演练之后，进入亲自实践过程，为此，设计了实践的地点、实践考核标准。

不论哪个民用产品行业，因为竞争的需要，导购已经成为最重要的营销岗位：化妆品、服装、首饰、家电、保健品、健身器材……每一个行业都需要导购。德州职业技术学院经济管理系姚常珠教授，毕业于杭州商学院，师从我国著名品牌学专家孙曰瑶教授，多年从事市场营销学研究、推销技术研究，在市场调研的基础上，运用营销学理论，将推销技术进行模型化，在原著的基础上，结合当前电商营销、新媒体营销模式，重新修订了本书。本书将营销理论实用化，丰富了现代营销学，对于终端导购业者是一本难得的好书，从中可以悟出导购的真谛，掌握导购的技巧，平衡导购者的心态，使导购者快乐地导购，把导购打造成为美好的事业。

陈风奎

2018 年 7 月

目　录

第一篇　美好事业

第二篇　导购技术

第三篇　导购艺术

第四篇　导购激励

第五篇　空调与生活

第六篇　导购实战

第一篇　美好事业

第一章　美好事业在导购

人生需作出许多选择，有时正确，有时失误。

当你打开本书，接受专业导购训练时，你已经作出了足以影响你一生的重大选择。

市场经济，正在迅速地改变着我们的社会，改变着我们每个人的思想，改变着我们每个人的行为。

我们别无选择，必须适应市场需要，因为，适者生存；

我们别无选择，必须增强专业技术，因为，优胜劣汰。

让我们张开双臂，欢迎市场吧！正是市场，

给我们每个人提供了选择生存权的场所；

给我们每个人提供了实现自我价值的舞台。

作为成年人，必须借助市场这个大舞台，选择自己的职业。

作为成年人，我们有思想，有追求，有目标，有责任。我们必须慎重地选择我们的职业。

作为成年人，一切思想，一切行为，都影响到自己，影响到自己的家庭。男怕站错行，女怕嫁错郎。

在选择我们赖以生存发展的职业时，请抛弃那种高收入、低付出的幻想。

那么，好的职业究竟有什么标准呢？我们认为至少有三个基本标准，即创造价值、需求旺盛、适合自己。

第一节　价值才是硬道理

父母从小告诉我们，要做对的事情，不要做错的事情。但是，对的事情并不一定能给我们创造价值。

下面这些事情都是对的，因为是利用业余时间从事一些业余活动：

花1个小时，旁观别人下棋；

花2个小时，看电视系列剧；

花3个小时，和朋友喝酒聊天；

花4个小时，看足球比赛；

花5个小时，打麻将、扑克；

……

诸如此类的活动，构成了多少人的业余生活！这些活动都是对的，因为是利用所谓的业余时间，满足所谓的精神享受。

但是，当我们的父母生病了，当我们的子女上学了，当我们的朋友有急事了，这时，需要的不是如上述那样的精神享受，而是足够的钱！

因此，我们不能将有限的时间、有限的精力，浪费在仅仅做对的事情上，而必须集中尽可能多的时间、尽可能多的精力、尽可能多的智力，投入到能给我们带来价值的工作上。

1. 坚持一个价值观

我们的思路决定我们的出路。

做有用的事，首先要树立有用的思路，这个思路就是：

做有价值的事。

根本原因，是市场经济的本质是等价交换。

市场竞争，需要的不是死读书，不是读死书，不是听话，而是创造价值。

任何人，无论做什么工作，都是在与有需求的其他人进行价值交换。因此，从事各种各样工作的人，最终只有一种等价物来衡量其成就，这个唯一的等价物就是价值或货币。

正如我国的俗语所讲的“三百六十行，行行出状元”，这里的最高等价物是“状元”。在现代市场经济社会中，则是“三百六十行，行行出状元，状元高价值”。这意味着：

不管干什么工作，要干就必须成为所在行业的顶尖人物，即状元；

只有成为行业顶尖人物即状元，才能创造最大的价值；

只有创造最大价值，才能获得最大收益。

2. 遵循两个法则

如何才能成为顶尖人物？关键是遵循两个法则。

第一法则：定位法则

在生态系统中，每种不同的物种，都有适合自己生存的生态位。所谓生态位，是指适合某物种生存的最佳环境。

市场是由人组成的生态系统，市场竞争的结果，是企业有大小之分，人有贫富之差。因此，每个人都必须找到适合自己的生态位，否则，位不清，事不成。

每个人必须根据自己的爱好、特长、经验、社会资源及所处行业的发展趋势等，确定自己的位置。尽管天生我材必有用，但是，有为才有位。

导购，是企业里的一个工作岗位，导购员就必须在其位，谋其政。作为企业整体的一个部分，导购员必须站在企业整体的角度考虑问题，但必须站在自己的位置解决问题。

导购员要思考一个问题：这个岗位适合我吗？

导购工作是否适合自己，可以从以下三个方面进行自我诊断：

是乐在其中，还是苦不堪言？

如果导购工作能给自己带来乐趣，自己的潜能就一定能有所突破。如果感觉导购是件苦差事，没有一点乐趣，则自己的潜能也就难以发挥出来。这时候，最好的选择是离开导购岗位，去寻找能给自己带来乐趣的工作岗位。

问题是如何才能让自己乐在其中呢？关键在于想办法让导购确实能体现出它的物质和精神价值。

是废寝忘食，还是得过且过?

如果自己连做梦都在思考如何提高导购业绩，能够确实以导购为核心，将导购事业作为自己生命的一部分，就一定能废寝忘食地投入全部的精力，以极大的激情，积极的、主动的、创造性地去从事导购工作。

否则，如果只是将导购作为企业的一个工种，作为自己挣取工资的手段，也就很容易得过且过。这时候，就有必要离开导购岗位，另谋他职。否则，于公于私，都没有意义。

是知难而进，还是畏缩不前?

如果具备知难而进的心理，以办法总比困难多的心态从事导购工作，就不会被困难吓倒。只要自己不吓倒自己，就没有克服不了的困难。

导购员每天都会面临各种不同的问题，如果没有知难而进的心理素质，很快就会退场。

第二法则:聚焦法则

透镜能将温暖的阳光聚焦，只要坚持一定时间，就可以点燃焦点上的可燃物。

聚焦法则告诉我们，要生存，要发展，在一定时期内，就必须具备三个条件:

首先要为自己树立一个目标

这个目标对你来讲，一定是崇高的和有意义的（就像焦点对准的是可燃物）。

集中你所有的资源

包括你所有精力、时间、信息、物质，还要具有坚强的不达目的誓不罢休的毅力。

必须具备有效的方法（即透镜）

具备了这三个条件，你就一定能成功!

正如佛祖所言:制心一处，事无不办。

许多人经常给自己或给别人讲，一定要努力！似乎只要努力就一定会成功。实际上，没有努力，肯定不会成功，但是，仅有努力是远远不够的。

在导购工作中，有过多少导购人员，付出了多少努力，但是并没有取得成功。只有具备了集中的目标、集中的资源、集中的毅力和事倍功半的方法，才能取得成功。

有很多人将自己所遇到的这样或那样的挫折，归于命运不好，这是为自己的懒惰和懈怠所能找到的最有效的辩护。

是啊，为什么没有成功？那是上天神灵不让我成功，怎么能怪我呢！你看，理由多么充分。实际上，越是生存状况不好的人，越相信命运，越寄希望于神灵的保佑。但是他们忘记了一点：

佛祖释迦牟尼，为了探索一条使凡人永远脱离苦海的成佛之路，作出了多么巨大的付出！

基督耶稣，不惜以自己的生命，来拯救深陷罪恶的人们。

这两位伟大的神圣，都是在自己首先作出了巨大的牺牲和付出后，才换得了万民敬仰。

如果不愿意艰苦地付出，只凭口头上的念念有词，就希望得到神灵的保佑，以此实现心中的梦想，纯粹是幻想！

只有远离安逸，勇于挑战自我、牺牲自我，才能成为顶尖导购员！

第二节　导购是腾飞跑道

正如飞机必须借助跑道才能起飞一样，导购，也是我们事业腾飞的跑道。

但是，社会对其需求越来越大的导购工作，是否是自己的美好机遇呢？对此，我们每个人都需要进行理性的思考，现实地选择生存与发展方式（见表1）。

表1　四类工作的比较

比较项目	导购	私营企业主	公司职员	公务人员
资本	无	数以万计	无	无
成本	无	工资、费用	无	无
风险	只赚不赔	大	公司倒闭	无
时间	比较自由	全天候	不自由	不自由
晋升	凭能力	凭能力	能力、背景	背景、能力
学习	免费训练	自我训练	自我为主	死板
收入	下有保底上无限制	不一定	定额有限	定额有限

以我国目前的社会实际，有四种生存方式，即靠体力、靠权力、靠财力、靠智力。

任何人的生存方式，都是这四种方式中的一种或几种。

靠体力，就是以体力为谋生资本，一旦没有了体力，也就难以生存下去。

靠权力，就是以权力为谋生资本，一旦失去了权力，也就百无一能。

靠财力，就是以巨额财产为谋生资本，一旦失去了财产，也就变成一无所有。

靠智力，就是以知识为谋生资本，如果知识本身不能通过有形的形式表现出来，即知识产品化，如产品、软件等，知识也就只能像空气一样，虽然有用但却无价，也就难以成为生存之本。

在这四种生存方式中，年龄越大，体力越弱，因此，单纯靠体力生存的人，随着年龄的增长，其价值越来越少；

权力，如果你是高官显贵，大可不必看下去，丢掉本书，走吧！本书对阁下毫无用处。

财力，如果你已经或可能拥有万贯家产，大可不必看下去了，丢掉本书走吧，本书同样对阁下毫无用处。

智力，是一个人最大的、内在的、自有的资源、资本、资产。但是，多数人不愿意学习，不愿意思考，不愿意使用，不愿意悟新，从而导致自己的智力资源是闲置浪费的。

仅有智力资源是不够的，因为资源本身不会创造价值。只有将智力资源作为资本，才能创造足够的资产。而智力资源转化为资本的唯一方式，就是将其开发成为有人需要的产品。这就是等价交换。

因此，导购，对企业来讲，只是一种岗位，但是，对于导购人员来讲，则是一种生存和发展方式。

导购——

靠的是你的体力，只有充沛的体力，才能日复一日地站八小时；

靠的是你的智力，只有不断学习，不断思考，不断练习，不断悟新，才能在看似简单重复的导购中，不断提高水平，成为顶尖导购员！

导购的本质，是选准顾客，进行沟通，交换价值。因此，科学的导购训练，可以极大地提高你的沟通能力，从而为拓展自己的事业奠定坚实的基础。

从职业导购员做起，在导购行业，成为导购状元，完全可以实现自己的人生价值！

第三节　导购就是顾问

顾问，是智慧的化身，是值得尊敬的标志，是解决问题的钥匙。

导购，就是顾问，是为顾客在柜台购买提供服务的顾问。

导购，不是简单的推销，而是顾客在柜台购买商品的顾问。因此，在进行导购提示时，必须把顾客的利益融入你的提示之中。

从产品知识维和顾客购物心理维两个角度分析，我们可以区分出四种类型的导购员。

1. 术语型导购员

导购员具有大量的产品知识，在导购时频繁使用专业术语，使导购过程非常枯燥乏味。

例如：双转子压缩机、单脉冲 PG 电机、PTC 电加热、VFD 彩显、LED 显示、DSP 系统等。

这些专业术语本身是对的。但是，由于顾客对这些术语毫无经验，听了这些术语，在大脑中留不下任何印象，就像在空气中用手画了一个圈。

这种类型的导购员缺乏对顾客购买心理的敏感反应。因为讲解提示中充满了行话，使顾客感到自己对所售产品知道得太少，并感到压力，从而作出货比三家的选择，以“我再看看”为借口离开。

2. 欺骗型导购员

导购员对顾客购买心理的反应很灵敏。但缺乏用以描述产品的技术知识。

因为知识不足，就会使导购员为了促使顾客购买而作出无法履行的承诺。

一旦顾客意识到导购员对其产品或服务并不真正了解,其心目中导购员的可信度就会降低。

如果因为导购员欺骗性的承诺,使顾客购买了产品,日后肯定将出现履行问题或再也没有回头客了。

3. 运气型导购员

最坏的一种类型,是只靠运气进行导购。

导购员既对所卖的东西一无所知,又缺乏对顾客足够的敏感。

提示变得很机械,听起来像在背书。导购员像个滔滔不绝地背诵讲稿的新手。

顾客得到的印象是导购员向每个人说的话都是相同的,结果丧失了可信性。

如果这种方式也能推销成功,那通常靠的只是好运气。这时目标顾客是真的想买正在出售的东西,并且不在意怎样提示或是否有提示。

4. 顾问型导购员

导购员既对他出售的东西非常了解,同时又强烈地关注着消费者的需求和反应。

所有的产品知识只是用来作有益的说明,而不是无意义的技术术语的堆砌。结果使目标顾客感到这个导购员是自己可信任的顾问。

导购提示变成了一个解决顾客最关心问题的讨论会,而不是压力很大的推销。

最终结果更有可能是一次完整的推销,并且因为建立了一种互相信任的、可靠的关系,使老用户非常愿意推荐自己的亲朋好友、街坊邻居来购买,

当然,不是每次提示都会推销成功。不管你计划得有多好,顾客肯定还会提出问题或者是对你的解答方法进行推敲。所以,大部分提示最终会变成对解答顾客问题的方法进行沟通的基础。提示得越清楚、越有说服力,沟通也就越顺畅,导购就越有可能成功。

高←——导购员产品知识维——→低

纵轴：顾客购物心理维（上：高；下：低）

顾问型导购员	欺骗型导购员
·顾问性的 ·帮助解决问题 ·销售良好 ·发展长期关系	·欺骗顾客 ·能不能履行的承诺 ·损失可信性 ·不能完成订单 ·无回头顾客
术语型导购员 ·讲技术术语 ·枯燥乏味 ·对目标顾客施加压力 ·无回头顾客	**运气型导购员** ·损失可信性 ·死记硬背的提示 ·听起来太机械 ·看起来像新手 ·只凭运气才卖得出去

第二章　事半功倍做导购

去看蚂蚁的人,是懒汉,思考蚂蚁精神的人,是智者。

要成为一名顶尖级或状元级的导购员,不付出努力是不可能的,但是只有努力也是不够的。成功的捷径,不是投机取巧,而是找到事半功倍的方法。

通过长期的调查和研究,从影响导购的众多因素中,我们发现有5个要素是最重要的,由这5个要素相乘即构成了精确导购的成功模型:

成功导购=目标×顾客×技术×激情×习惯

切记:目标、顾客、技术、激情、习惯之间的关系,是乘法关系,而不是简单的加法关系。

加法关系——其中一个要素是零,其他要素很好,结果也有可能取得成功。

乘法关系——其中任何一个要素是零,其他要素再好,结果也必定是零。

没有明确的目标,成功只是井底蛙,因此,天大地大不如目标大。

没有锁定的顾客,成功只是墙头草,因此,爹亲娘亲不如顾客亲。

没有过硬的技术,成功只是沙滩楼,因此,千好万好不如技术好。

没有高昂的激情,成功只是水中月,因此,河深海深不如激情深。

没有自然的习惯,成功只是白日梦,因此,山转水转不如习惯转。

第一节　明确的目标是导购的前提

正如聚焦法则所言,目标是决定成功的首要前提。很多人的失败,不是因为缺乏天资和技能,只是因为他们没有把精力集中在一个目标上。

成功的第一要素是明确的目标。没有明确的目标，也就不存在成功，因为成功就是实现自己既定的目标！

一步登天，永远是一种幻想，可悲的是幻想一步登天的人确实不在少数。

为数不少的导购员，总是希望能碰到一个大顾客，通过一个订单来完成销售任务。

相当多的人，是小钱不愿意赚，大钱又赚不到。结果只能是一生也难以积累到足以养老的财富。

厄尔·奈汀戈尔（Earl Nightingale），一位录音带工业的先驱，鼓舞了千百万人，他把成功定义为："……渐进地取得一个值得完成的目标。"换句话说，就是一步一步地行动，一直通往一个特定的、值得实现的目标。

在销售当中，每个导购员一直都在确立目标。但是很多时候，这个目标是公司给的，是一种外部压力，不是自己内心所渴望的，从而只有压力，没有动力。而真正的目标，应该是你自己渴望要完成的事情。

如果你想成为公司的顶尖导购员，不要想打败去年的优胜者，应该想如何改进自己的工作方法，磨刀不误砍柴工。如果你能不断打破自己的纪录，你就会取得优胜。

不断提高自己的目标，不断实现自己的目标，就是超越自我。

为你自己考虑，目标应是现实的、能够取得的。为此，记住你的 ABC 目标：

"A"为周日目标，时间以周、日为单位。是能在 1 天和 7 天内完成的销售目标。

"B"为月度目标，时间以月为单位。是能在 30 天之内要完成的销售目标。

"C"为年度目标，时间以年为单位。是你准备在一年内要完成的销售目标。

确立目标的目的，在于使我们集中精力，采取必要的行动。因此，千里之行，始于脚下，完成周日目标，是为了完成月度目标；而完成月度目标，是为了完成年度目标。人生就是由这样一个一个目标构成的台阶，只有脚踏实地，扎扎实实，一步一个脚印地经营，才能实现自己的人生价值。

为此，在制定目标时，需要遵循以下四个基本原则。

目标要量化

在制定目标时，必须将目标量化为具体的数字。实际上，只有量化的目标，才可以对目标进行客观的测量和考核。

目标要可行

目标必须是建立在现有资源基础上，通过努力可以实现的数字指标。如果目标脱离实际，搞所谓的“大跃进”，必然结果是进一步退两步。在制订目标时，可以列出一个清单，看看实现目标后给自己带来的主要益处是什么。经常回顾这些益处，可以成为你的动力，鼓舞你不断向前。

目标要弹性

目标是在现有资源利用基础上，对未来的一种预期。但是，对未来的认识，总存在信息不确定性。这就要求，量化的目标应当是一个适当的范围，即将目标划分为必成目标、争取目标、努力目标。把你最重要的目标写在一个小卡片上，带在你的钱夹里或钉在冰箱上，每天都问自己：“今天我能为达到我的目标做些什么？”

在确立目标时，问自己两个问题：

达到那里的最好办法是什么？

达到那里我将得到什么？

将你的答案写下来，以便使你能不断地检查、修改、回顾。

目标要公开

把你的目标告诉家人，告诉朋友，告诉上级。目的是对自己形成一种外在的压力。如果你羞于将自己的目标公布于众，只能说明你对自己没有信心。

第二节　顾客的需求是导购的关键

看到这句话，有人可能会嗤之以鼻：是在作秀吧？

作为导购员，你可以扪心自问，每天 24 小时中：

有多少时间，你在用心琢磨顾客需要什么？

有多少时间，你在用心琢磨所售商品究竟好在哪里？

有多少时间，你是和顾客在一起？

有多少时间，你在想自己的父母？

实际上，生我养我者，父母也；给我收入者，顾客也。如果“给我收入者”，也是父母者，则必定是无能之辈，在吃父母的老本！

从精神层面上分析孝，顾客给你的收入越多，证明你的能力越强，你就越是成功的人，这是所有父母之最大期盼。因此，为人子女，实现父母心中最大的愿望，就是最大的孝，这就是心孝。

从物质层面上分析孝，顾客给你的收入越多，你就可以更好地保证父母的物质生活。让父母生活在贫困中，想吃不能吃，有病不能医，这绝对不是孝。保证父母的物质生活，就是物孝。

只有同时做到心孝和物孝，才能让父母无忧无虑。

因此，讲爹亲娘亲不如顾客亲，不是虚伪的商业语言，而是诚实的经商之道。

请你用心阅读下列案例，细心体会销售与导购的区别。

【案例1】

纽约某乐器公司，因低档钢琴滞销、资金无法周转而陷入困境。为了扩大销售，公司在报上大肆宣传："该钢琴的特点是：(1)音色悦耳；(2)外形美观；(3)价格低廉。"

做了一阵广告效果甚微，光顾者依然寥寥无几。公司经过一番调查，决定改变策略，从全然不同的角度，拟定出新的广告内容：

"为了把府上的爱女送进社交界，就要让她接受教育、陶冶情操，音乐是提高教养不可缺少的内容，会弹钢琴，更是社交最重要的手段……"

这段广告正好击中了中下层家庭向往的目标。因此广告刊出后没几天，乐器公司的低档钢琴就销售一空。

这个事例说明一个道理：只有满足顾客心中所想，导购才能发挥出立竿见影的效果。

【案例2】

"象牙皂"一问世，就以"经济实惠"的广告宣传打开了销路，市场占有率相当高。可是，好景不长，没多久，肥皂便渐渐堆积在货架上了。厂家多方面查找原因,仍不明所以。他们便求教于一位心理学家,心理学家派出一批调查员走访顾客,征询他们在使用香皂时所期待的效果。归纳起来,主要有两条:

一是下班以后,用香皂洗澡能使身心俱爽,感觉焕然一新。

二是在约会或参加社交活动之前,用香皂洗澡,能使自己容光焕发,更富魅力。

换言之,大多数消费者对香皂的期待,并不是"经济实惠",而是希望香皂给自己增添"魅力"。

于是,该公司立即把以前的广告改写成:"芳香、典雅的象牙皂能使你更具魅力。"这样一来,"象牙皂"的销售量果真又节节上升,一直保持着良好的势头。

由此看来,找出顾客内心深处共同的欲望,并设法去满足这种欲望,是导购的关键。要确切了解和掌握这种欲望,必须完全立足于顾客的立场才能办到,这就需要导购员必须换位思考。

有些导购员漠视这条规律,只是想当然地猜测顾客的偏好,或者只知站在自己的立场去"理解"顾客,也就难怪事倍功半,常常陷入困境了。

【案例3】

说服学专家D·卡内基曾经说过:"我爱吃草莓,鱼爱吃蚯蚓,所以垂钓的时候,我不用草莓做鱼饵,而用蚯蚓做鱼饵。"他还说过:"带动别人唯一的方法是,探出对方喜欢什么,然后教他如何去得到它。"

这条心理学家规律既可用在人类身上,也可用在动物身上。

有一次,英国文学家爱默生和他的儿子要把一条小牛拖进茅棚。儿子在前用力来拉,爱默生在后使劲地推,父子俩累得满头大汗,小牛还是叉开四条腿,倔强地抵抗着,始终不肯往前跨一步。

爱默生家的小女仆是个来自爱尔兰农家的孩子,她目睹主人的窘迫情景,便跑来相帮。虽然她目不识丁,但是,至少在那时候,她比爱默生更有知识,因为,她看出了小牛的渴望。只见她伸出自己的食指,让小牛含在嘴里,然后又哄又拍,显得那么温柔、亲切,小牛便顺从地跟着她进了茅棚。

动物也罢,人也罢,有所行动就是表示要满足某种渴望。因此,要想带动别人,必须先找出对方内心的渴望,并且满足那个渴望。

如果寻不出对方的渴望，或者连对方自己也不知道自己想要什么，那么就要施加某种刺激，诱导对方产生出渴望。

导购员的工作价值，就在于找出顾客对商品的渴望，诱导顾客产生对商品的渴望。

例如，不想喝水的马，无论你怎样拖它，它都是不会靠近水槽的。假如有必要让它喝水，该怎么办？很简单，让它先吃些咸味饲料。马吃了盐，口就渴，再拉它饮水，肯定不会反抗。

再举个例子，不爱吃菠菜的孩子甚多，做母亲的往往这么劝说："菠菜的营养丰富，多吃对身体有好处。"

这样说教恐怕收效不大，有的孩子只是吃一口应付一下母亲。能产生效果的说法是：

"吃了菠菜，你就能长得比常欺负你的×××更强壮，更有力！"

在孩子的心灵中，最强烈的渴望莫过于此，因此，这种说法足以打动孩子，并被他所接受。

作为以与顾客沟通为生的导购员，应当通晓这个道理。

第三节　技术是满足顾客需求的有效方法

导购技术，是发现顾客需求，创造顾客需求，满足顾客需求的有效方法。

我们都知道"没有金刚钻，不揽瓷器活"；

我们都知道"艺多不压人"；

我们都知道"一分耕耘，一分收获"。

但是，又有多少人真正做到了呢？

在现实的导购工作中，绝大多数导购员也在忙忙碌碌地"耕耘"，就是没有相应的收获。

原因何在？我们认为症结在于没有按照科学的方法来耕耘。因此，只有科学地耕耘，才能够取得事半功倍的收获。

科学地耕耘，来自于对大量实践经验的总结，不是拍脑袋的结果，也不是谁灵机一动的产物。科学家既不是巫师,也不是魔术师,科学家就是比别人更多更早地进行失败性试验,在失败中摸索真理。就像普通的农民,即使种植了2000多年的水稻,也没有培育出杂交水稻。而在20世纪80年代,袁隆平只用了20年不到的时间,就发明了杂交水稻,为人类发展作出了不可替代的贡献。

因此,导购员必须明白,销售工作,只讲功劳不讲苦劳,更不讲“疲劳”。而销售的功劳,是用数字来说话的,来不得半点虚假。因此,只有科学地耕耘,才能结出丰硕的果实。

请你用心阅读下列案例,细心体会科学与经验的关系。

【案例1】

职业推销员都有一条共同的体验:“即使模仿销售业绩最佳的推销员所使用的方法,效果往往不过尔尔。只有从亲身体验中发掘出独特的推销手法,才可能产生令人满意的宏效。”

这个道理同样适用于企业的经营和管理。单纯模仿别人成功的经验,成果未必彰明昭著,只有自创的、独特的方式,才会灵活又有效。

在这纷繁复杂的大千世界,每一个人的观念和性格都各自有异,各人的经验也有所不同,所以,唯有自创的方法,才会使自己不产生排斥心理,成为一种独特的方式。正因为是自创的,就会有强烈的自信心,实行起来也就得心应手,绝无别扭之感。

本田技研工业公司的创始人本田综一郎,孩提时贪玩成性,奔放不羁。在学校里,他最讨厌修身课,认为这使得年轻人被所谓的教训和美德束缚得失去了旺盛的生命力。他在学习上屡遭挫折,对劳作(手工劳作)却是倾注全力,从中培养了自己的实力。以后,他在一家汽车修理厂当学徒。正值血气方刚的年少时期,他立志要在修理技术上,成为日本无出其右的人。经过多年不懈的努力,水滴石穿,他果真取得了卓著的成就。

从修理汽车到制造活塞环,直至生产摩托车,他一步步地使自己的事业达到了巅峰。

为了使企业进一步发展,他又专注于钻研技术,连最基础的理论知识,也要彻底弄懂。

各方面未尽成熟的人，在埋头于工作时，难免会遇到困难和失败。正是一次次的失败迫使他倾力思索、刻苦钻研，以便突破困境，创造出明日的飞跃。人，就在这种生活体验中日日又新，不断发展了自己的能力。

【案例2】

当今的某些青年，抱有“工作少干些，报酬得多些”的想法，他们在工资问题上斤斤计较，总觉得自己的工作量超过应得的报酬，吃了大亏，小算盘打得十分精明。他们没有觉得，自己的想法大谬不然，完全脱离了实际。

美国有个著名的推销顾问师M·狄波博士，他曾经说过：“在商品推销上有一条平均的法则，忽视了它，任何人都会无法成为优秀的推销员。”

狄波博士举了一个例子来解释他的观点：

某公司有三个年龄相仿的推销员，推销经验和手法也大致一样，而且推销同一种产品，但是，成绩却有差异。经过三个月的奔波，他们的销售记录如下：

◆推销员A的成绩：外出次数600次，签订合同240次，成功率为40%。

◆推销员B的成绩：外出次数480次，签订合同201次，成功率为42%。

◆推销员C的成绩：外出次数434次，签订合同156次，成功率为36%。

只从他们的成功率来比较，似乎三个推销员的成绩差别不大，但是从缔约的绝对数来看，A比B多19%，比C多54%，这是他出访次数比B多25%，比C多38%的必然结果，这就是推销上的“平均法则”。

由此看来，要想提高销售业绩，光着眼于提高“打击率”（成功率）是不行的，关键是增加出访的次数。如果把访问次数适当增加，会面的时间相应就变得更紧凑、更宝贵，这就迫使推销员把工作做得更有计划、更符合科学性。为了增加访问次数，推销员就得考虑：

◆使出访的路线更合理化，不走冤枉路。

◆事先要有充分的准备，以尽量减少会面的时间。

◆进一步改进推销技巧和策略，以提高成功率。

通过这些艰苦的劳动，才能换来销售业绩的上升，同时也使自己成为一个优秀的导购员。

这个例子同样适用于其他行业的工作。

比别人付出的劳动多、贡献大，自己的能力就会得到磨炼和提高，同时，收入也会水涨船高。相反，工作时贪图安逸、轻松的人，非但无法增加收入，而且还会使自己唯一的“财产”——能力，也渐渐丧失殆尽。

第四节　激情是导购成功的动力

导购，作为市场经济中的一种生存与发展方式，是在拒绝中成长，在拒绝中成熟。因此，导购工作并不是适合所有人的。只有那些能够保持旺盛的精力、脚踏实地、勤于思考的人，才能做好它，才能获得成功。面对拒绝，也只有自己的激情，才能挽救自己。因此，对于一个无法保持高昂激情的人来讲，最好的选择是离开导购。因为没有激情，导购将是一个没有尽头的苦役。不仅无法调动自己的主动性、积极性、创造性，而且也无法感染顾客。

激情不是夸张的言情，而是醇厚的美酒。醇厚的美酒，给人无穷的回味。

激情不是浮躁的心情，而是心灵的磁石。心灵的磁石，给人难抗的引力。

激情不是美丽的辞藻，而是朴实的真诚。朴实的真诚，给人由衷的愉快。

其实，生活就像一块磨刀石，它既能把你的意志磨掉，也能把你磨亮。你可以因为遭拒绝和不顺而变得意志消沉；也可以直面困难，把它看做机会和挑战，从而将拒绝变成向上奋发的弹力，给你更大的腾飞动力，使你获得更大的成功。

为什么两个天资和能力差不多的导购员，往往不能取得相同的业绩？

为什么有的人，不管他是卖产品还是提供服务，卖纸夹还是卖机器，总能从拒绝、失败和困境中走出？

这些“成功人士”有什么共同之处？

一词概括，这些人最大的共同点就是：激情！

你对你的工作是否有激情？

你对你的公司是否有激情？

你对你的产品是否有激情？

你对你的顾客是否有激情？

因此，作为一个导购员，可以没有知识，只要学习，知识可以获得；可以没有能力，只要锻炼，能力可以提高。但是，一旦没有了激情，也就没有了成功的希望。

请你用心阅读下列案例，细心体会激情、游戏、工作的关系。

【案例】

现代广告创始人霍普金斯，出生于一个贫穷家庭，没有读过大学，从小打工，但最终成为现代广告巨匠。

他讲过自己一段真实的经历：

长到五六岁时，我整天看到的都是大学生们在玩耍嬉闹。我对学习生活严谨的一面一无所知，却见识了各种各样的游戏，因此我总是坚定地认为人生就是一个游乐场。

一个铁路调度员改变了我的这种看法。他和他手下的那些人有很大的不同，这给了我很深的印象。那些工人是不得已才工作的，他们能少干就少干，数着钟点干活，恨不得早早溜走。到了星期六晚上，他们会跑到城里去，把一周挣的钱全部都挥霍掉。

那个调度员对工作却有很大的热情。他总是说："弟兄们，今天我们多铺些枕木，我们来把这些铁轨铺好。"然后工人们就强打着精神过来干活。工作对他们来说实在是很枯燥无味的事，可是那个调度员却当它是一场球赛一样。

铁路调度员白天在铁路上工作10个小时，晚上回到家还要修建他的房子。他在房子周围开辟了一个花园。他娶了小区里最可爱的一位姑娘，过着非常甜蜜的生活。后来他还获得了一个更高的职位。而我一开始就从他那里学到了很多东西。"你看那些玩球的人，"有一次他说，"玩球对我来说也是很费体力的事。我在这儿装饰我的屋顶，我抓紧时间工作。我知道在太阳落山前我必须铺完多大面积的屋顶，这是我的工作指标，是我对乐趣的认识。瞧那些人，东侃西侃，谈铁路，谈政治。其实他们中任何一个人对铁路所了解的不过是怎样开扳道车。他们以后也会这样，不会有什么出息。今晚他们虚度光阴的时候，你看我在做什么——我在修我家里的门廊。以后我可以舒舒服服地坐在那儿，和漂亮的老婆谈情说爱。可他们只能老是坐在杂货店炉边的肥皂箱上。你说什么是享乐，什么是辛苦？如果一件事有用，人们就叫它工作，否则就叫游戏。其实，两件事都同样辛苦，同样有挑战性，都存在着竞争和对抗。每个人都在努力超越其他人。不同之处实际上就是个人对待事情的态度。”

我永远忘不了这些话，这个人对我的影响太大了。我现在可以对他说：“要不是你，我不会有我的今天。”

后来，我做了美国志愿者组织的督导，对那些在生活中挣扎沉浮的失意人有了更多的理解。我跑到大厨房里、监狱里，或是收容所里看他们。他们最大的麻烦不是因为懒惰，而是因为太爱游戏。或者可以说，全心全意对游戏有错误的理解。他们大多数人年轻的时候也整天忙忙碌碌的，可他们中有的人是在别人锄玉米地的时候玩地滚球，有的人是在别人打包装箱的时候打篮球，有的人是在别人开山挖石的时候打垒球。人与人的不同就在于他们对生活乐趣的理解不同。

我开始喜爱工作，就像其他人爱上高尔夫球一样。我至今还爱着它。有多次我想尽办法摆脱一场桥牌赛、一次晚宴，或是一场舞会，而把时间花在办公室里。我宁愿悄悄地逃离在我乡下别墅里举办的周末晚会，而在我的打字机前享受几个小时。

所以说，对工作的热爱是可以发掘出来的，就像对游戏的爱好一样。这两个词其实是可以互换的，别人称做是工作的，我叫它是游戏，反过来也一样。最喜爱的事往往做得最好。如果这件事是指打马球，那我们就可以打得最好。如果是指下象棋，或者是垒球跑垒这种事，我们也可以干得最棒。总之，如果一个年轻人能够认识到他一生的工作，是一件他所能做的最有意思的事，那是非常有意义的。而且，这种意义永远存在。对体育明星的欢呼鼓掌很快就会寂寞，而成功对一个人的鼓励是能持续一辈子的。

第五节　好习惯的核心是计划性

在当今的市场经济大潮中，有些人频繁地更换工作岗位，其理由永远是那个工作不适合我。他们似乎总是在寻找更适合自己的工作，并把这叫做山不转水转。实际上，一个人在一个部门干不好，在另一个部门也未必能干好，因为生活本身是一个整体。

干好干坏的原因,不在于不同工作岗位的差异,而在于习惯的不变。习惯就像一串珍珠,一旦打开了一个结,珍珠就会全部散落。

实际上,一个人在一个岗位上工作业绩突出,换到另一个岗位,尽管工作任务、环境、方法等是改变了,但是,他的习惯不会在短期内改变,他仍然会用原来的习惯来思考和行动。正如俗语所讲的"穿新鞋走老路"一样。习惯是人们长期以来形成的轻车熟路的思维方式和行为方式。正因为轻车熟路,所以习惯决定思路,思路决定出路,出路决定命运。

好习惯的核心是计划性。

在所有的好习惯中,最核心的习惯是计划性习惯。不仅仅是因为"吃不穷穿不穷,打算不到就受穷"。更重要的是寸金难买寸光阴。

请你用心阅读下列案例,细心体会什么是计划。

【案例1】

在20世纪,美国一个效率专家叫艾威·李。一天,艾威拜访伯斯雷姆钢铁厂的总裁查理·斯瓦布。艾威说:我能使每个人的工作效率都得到提高——增加销售额,你的每个高级官员只要给我15分钟就可以了。"

"那么我要付多少钱呢?"这位机敏的实业家问道。

"不起作用分文不收,"艾威回答,"如果这种方法对你有价值的话,三个月之后你寄给我一张支票。"

"这样说定了,"斯瓦布握着艾威的手说。

第二天,艾威去见斯瓦布的高级官员,每个人只用了15分钟时间,他说:"我让你答应我在未来的90天内,每天工作结束后,你离开办公室之前要列出第二天你必须做的六项最重要的事情,并按其重要程度编上序号。"

"就这些?"

"就这些。第二天每完成一项就用笔钩掉,然后继续进行下一项,如果一项没完成,将它列在下一天的表中。"

每一位伯斯雷姆的官员都同意按照艾威的指导去做。三个月后,斯瓦布经过调查研究,对此做法十分满意,于是寄给艾威一张3.5万美元的支票。这在每个美国工人一天工作10个小时平均才能挣2美元的那个时代，实在是一笔巨款。

正如英国伟大诗人德莱敦在300年前说过的："首先我们养出了习惯，随后习惯养出了我们。"伯斯雷姆的管理人员业绩的提高，不是通过增加投入来实现的，只是通过从无计划的随意管理习惯，改变为有条不紊的计划管理习惯。

好习惯是练出来的。

当看到一位运动员站在冠军领奖台上时，你是否想到了"台上十分钟，台下十年功"？

当看到一位导购员获得丰厚的收入时，你是否想到了"要在人前显贵，必在人后受罪"？

请你用心阅读下列案例，细心体会好习惯是怎样练成的？

【案例2】

高木凝视着原一平，静静地说：原老弟，个子高大、体格魁梧的人，光是外表就显得威风凛凛，因此，访问顾客时也容易让对方产生好印象。可是，个子矮小的人，即使怀有同样的技术，不，纵然他的技术超过前者许多，出于受先天条件的限制，在踏出第一步时，无形中已经吃了大亏。你我都属于身体矮小的人，为了不输给个子高、体格好的人，同样要踏出第一步时，该怎么做呢？我想，首先必须以表情制胜，特别要重视笑容，务必显出发自肺腑的笑容。

他的脸上立即浮现出笑容，那是一种浑身都在笑的笑容，是纯真感人的笑容，这笑容使原一平茅塞顿开。

自此以后，原一平着手训练笑，他不停地对着镜子练习笑容。

由于一心一意想着练习笑容的事，走在马路上，往往会不自觉地露出笑脸，有时甚至会笑出声来。他练习笑容就跟着了魔似的，他的邻居见他一人常常独自乐出声来，还怀疑他神经不正常呢？

日复一日，月复一月，原一平一有空就对着镜子练习，也不知持续了多久，一天他忽然发现镜子中的他与以前大不相同了，他的脸大放光彩，细加观看眼神也有变。这个发现使他信心倍增，与镜中的自己对话的训练也就更起劲了，他清楚地看出自己的脸孔逐日有了变化。

有一天,原一平对着镜子想看看自己究竟能做出多少种笑容。他自己都没想到他竟然能发出40种不同的笑。

作为导购员,你会几种笑容?

第二篇　导购技术

第一章　察言观色　推断顾客信息

顾客进入导购员的视野，导购员如何通过察言观色，快速判断出顾客的需求信息？为此，必须对顾客的购买行为进行详细的分类研究。可以从进店动机和性格差异两个角度，对顾客进行类型分析。

第一节 八种进店动机

近几年，随着经济的发展、居民收入水平的不断提高，空调普及率也越来越高，空调销售增长率大幅增加，全国综合性商场中空调展区和分布城市的空调专卖店的数量也急剧增加。这导致空调竞争从天上（广告）发展到地上（柜台）。柜台成为空调销售争夺顾客的最前沿。下面，我们就以空调导购为例，详细讲解一下导购技术的实际应用。空调属于耐用大件产品，顾客对空调品牌的决策，有一个过程：

	知道的品牌	熟悉的品牌	比较的品牌	购买的品牌
数量	7～9个	3～5个	2个	1个
信息来源	广告	亲朋好友	售点	实际使用
干扰方式	广告	口碑	导购	感受和旁观

知道的品牌，取决于广告的投放量，广告越多，顾客知道的可能即知名度越大；熟悉的品牌，取决于产品的现有占有率，占有率越高，顾客从亲朋好友处接触的可能就越大；比较的品牌，取决于售点的实际考察，即“百闻不如一见”。因

此，柜台导购将起到临门一脚的关键作用。

因此，在商场的空调展区，至少有20个以上不同品牌空调集中在一起，竞争就直接体现为导购员之间的竞争。

严峻的现实，迫使每一个人不得不深刻思考一个问题：顾客是什么？乍一看，这问题再简单不过了，答一句"顾客就是上帝"不就完了吗？但我们若再进一步问"为什么把顾客比作上帝呢？"许多人就会答不上了。

导购员与顾客之间的关系，可以总结为五对"是"和"不是"：

1. 顾客是导购员最重要的沟通对象，不是征服的对手。

2. 顾客是导购员收入的来源，不是费力的黑洞。

3. 顾客是有备而来的，不是没事闲逛。

4. 顾客是需要导购员帮助的，不是自找麻烦。

5. 顾客是有情感的需求的，不是完全理智的。

只有深刻地理解顾客的特征与作用，我们才会对顾客产生感激之情，才会真心实意地愿意为顾客服务，全心全意地去满足顾客的需求。

作为导购员，我们需要顾客；而要使导购成功，我们更需要了解和理解我们的顾客。

有些导购员就要问了：每天走进我们柜台里的顾客数以百计，甚至数以千计，我怎么可能一一地了解他们呢？再则，"龙生九种，种种各别"，每个人都有自己的特性，我又怎么可能把这些人的脾气秉性都摸个透呢？

的确，对于一个刚刚涉及空调导购的人来说，一开始的确难以识别不同类型的顾客，要他们一下学会如何准确地估测一个顾客的特性是很困难的。

要想成为一个顶尖的导购员，我们要练就的第一招，就是必须学会辨别不同类型的顾客！因为不同的人有不同的个性，这就决定了他们在购买空调时，各自有不同的好恶及购买方式。

进入空调展区时，顾客对于不同的空调是有偏好的，正如西方人所说："一个人的美食会被另一个人视为毒药。"正是由于这种不同的顾客在购买空调时表现出的偏好的存在，使得导购员要针对不同的顾客进行不同的引导。

导购员必须善于"看风使舵"、"随机应变"，关键是要有"看风"和"随机"的技术。要能够迅速地识别每位顾客的需求、愿望、性格、好恶，以及他的说话方式、态度、表情等，进而用对方能接受的推荐方式，推荐顾客渴望的空调。

但是，在柜台导购实践中，想要熟练地做到随机应变，必须进行反复的练习，就像学习武术一样。所有的武术都有一定的套路，但是，在实际打斗中，没有一个人是将套路从第一招按顺序打到最后一招，总是根据对手的招数随机应变。显然，如果没有事先排好的招数套路，并将其反复练习运用自如，是不可能以不变应万变的。

笔者曾经访问过一个成功导购员，由于她懂得辨别不同类型的顾客，所以她的业绩特别突出，成为业界公认的“导购状元”。谈到成功的经验，她说：

日常的工作中，我很用心去学习让顾客满意的导购技巧，特别是接待顾客、应对顾客等场合的技巧。

每次面对不同的顾客，我都会费神地去揣摩：

“这个人到底要什么？”

“我应该推荐哪款空调给他？”

“哪一种应对方式适合这个人？”

我认为我有今天的成就，完全要归功于学会了让顾客满意的营销方法。这些技巧虽然不容易掌握，但只要你认真地去研究、去学习、去体会，就会有所收获的！

识别不同类型的顾客，对导购员来说是基本的技术，而且它并不是没有门径可循的。首先我们可以根据顾客不同的动机或目的，把他们分成八种类型：

一、直接考察型顾客及其接待方法

直接考察的顾客，就是指那些进店后摆出要买的架势，却又不会当场购买的顾客。

进店动机：现场考察，收集信息。对每个品牌的质量、款式、价格、性能等，进行购买前的信息收集。

导购要点：热情接待，突出两款，留下电话，隔日回访。

以下三个例子中的顾客就都属于直接考察型的顾客：

例一：

一位中年妇女漫步走入空调展区，在澳柯玛空调柜台前停下，一会儿看看挂机，一会抬着头，好像在考虑些什么。导购员走到她身边打招呼说：“您好，这些都是澳柯玛今年新款空调。”那位顾客也不搭话，离开了这个柜台。

走了没几步，她又停在另一个空调柜台前，又开始翻看那堆促销宣传资料。导购员见状，又走过来招呼说：“需要挂机还是柜机……”话没说完，顾客一句“随便看看”就快步走掉了。导购员被抛在那里，嘴里咕哝着：“唉，又是一个只看不买的主儿！”

这幕情景每天在每个商场都不知要上演多少回，不知有多少导购员满心欢欣地看着顾客到来，又懊丧地看着他们扬长而去。

例二：

导购：要几匹的？

顾客：这是几匹的？

导购：1 匹半，房子多大？

顾客：20 多，办公用。

导购：具体有二十几？

顾客：不太清楚。

导购：如果 25 平方米以上这个就不行。

顾客：没这么大。这个是变频的吗？

导购：不是，是电加热的。

顾客：电加热的是怎么回事？

导购：就是电辅加热（没有具体介绍电辅加热后有什么作用）。

顾客：那柜机呢？最小是几匹？

导购：2 匹。这一款，带 30 平方米。

顾客：这是新款吗？

导购：对。你最好能问清具体多大房间。

顾客：现在澳柯玛卖得怎么样？

导购：不错，柜机卖得不错。

顾客：行，那我回去再问问。

说完，顾客径直走出店去了。

顾客走了，导购员心里想：连房间大小都搞不明白，还买什么空调？

在导购员看来，费神费力讲了这老半天，顾客却甩下一句“行，那我回去再问问”就甩手而去，实在有点过分了。在这种情形下，他们往往会暗想：“这个人只是来转转的吧?"然后就不情愿地回到原位去了。

例三:

柜台好不容易又盼来了一个夏天,空调的旺季又来了。这时,我们可以在许许多多的商场中看到这样的一幕——

顾客:"我家装修房子,准备买一台柜机……"

导购员赶紧问:"那您看这款怎么样,它是今年新款,而且特别……"

顾客答道:"哦,这种嘛……不错,但3700元好像贵了一点。"

导购员接过他的话:"您甭着急,我这还有一款质量一样但实惠的,我看您一定会喜欢这种,它只卖3200元。"

顾客说:"看起来是一样,但没有液晶显示。"

导购员说:"但是……"

顾客正好接过话头:"我还是再看看吧!"

顾客刚一转身出店,导购员就埋怨上了:"这人真是的,要物美,又要价廉,天下哪有这样的好事?东拉西扯一套,就这个价钱怎么买得着中意的东西?!"

在上面这三个例子中,顾客们都是一副有心无意、犹豫不决的样子,最后买卖都没有能够成交。站在导购员的立场上来看,以直接考察为进店动机的顾客,不但让人感到可惜,有时还会使人感到气愤难平。

可是如果我们反过来想想,如果一个店里没有几个进店考察的顾客,结果又会如何呢?店内经常门可罗雀,冷冷清清,那些真正要购买空调的顾客也不会上门的。

在商业中也有一种"马太效应",越是人群熙攘、人气旺盛的柜台,大家越是愿意挤进去看个究竟,越是抢手的东西越要赶着买一件;而越是冷冷清清的柜台大家越不愿进去。

我们把这种现象称为之:"顾客招徕顾客"。考虑到这一现象的存在,进店考察的顾客对于一个柜台来说实在是不容忽视,更不能够对他们采取歧视态度。

这种进店直接考察的顾客,川流不息地来往于柜台,对柜台有很大的益处。今天顾客来上门考察,说不定明天或后天他就会回来购买。所以说直接考察的顾客，就是即将购买的顾客，他们至少比过其门而不入的顾客更受欢迎！

通常消费者进商场购买空调可分成两类：

第一类是在进入商场前，就已知道要购买的空调品牌是什么，即指牌购买。

第二类是心里先有个底，等到商场挨个品牌察看一圈后再做最后决定。

调研数据显示，70%的购买决定是在柜台前作出的。这样一来，如果你的柜台里频频出现直接考察的顾客，那你就必须进行自我反省：为什么他只是进来考察？

如果柜台气氛、空调质量、价格以及服务都很好的话，应该会有更多的进店直接考察的顾客最终进行实际购买的。

许多柜台里都有这种情形，当一个顾客空手而去时，导购员就会忍不住皱眉，态度一下子由亲切转为冷漠，这种行为是最要不得的。

店内其他顾客看到了这种情景，他们一定会想："待会儿我要是空手而去，岂不是也会落得同样的下场？下次可要小心些，别再走进这家柜台了。"原本有意购买的顾客就这样急忙打退堂鼓了。

顾客只要走进了你的柜台，就表示他有意购买你的空调，或对这种空调感兴趣，虽然他这次空手而去，但这份心意却抹杀不得。导购员应该愉快地送他们出去，并说"谢谢您的光临"等。

对于上述三个例子中的情形，我们应当采用如下的方法处理：

例一的处置法：

如果顾客刚一走进店里，导购员就急忙地上前招呼的话，很容易导致前述的后果。因为顾客都希望有一段时间，在不受任何人打扰的情形下，自己来比较和选择所希望买的空调，即使他不了解，也要在浏览中尽量增加自己的认知。

所以最好的办法，是先让顾客在轻松自由的气氛下随意浏览，只有在顾客对某个商品表露出感兴趣或中意的神情时再与其进行接触，适时适当地提供专业方面的讲解或咨询服务。并注意使用礼貌用语，如"您好"、"欢迎光临"、"请慢慢看"等等。

过度地纠缠或不断地解说容易令顾客厌烦，使本来有意购买的顾客也变成"我再看看"。

例二的处置法：

在该例中，顾客具有明显的购买动机，尽管只是来直接考察。但是，导购员不应该反复提示首先需要确定房间大小，特别是当顾客明确回答不清楚时，更不能讲“你最好能问清具体多大房间”。这样一来，顾客走了。作为导购员，即使需要了解房间大小，也完全可以这样讲：“我这有电话，你可以问一下，我再帮你参谋参谋，省得来回跑。”

如果顾客还是犹豫不决时，不妨简单询问一下小区和房间的位置，寻找共鸣点。记住：

导购员应该是“购买当参谋，沟通当朋友”。

例三处置法：

就柜台而言，品种最好应有尽有，如果柜台不是很大，最好应随新品的变化，及时展示新品的空调，以给顾客更多的选择机会。

对于没挑好的顾客，你最好说：“您自己慢慢挑！”或“明天中午前一定帮您准备齐全”等，千万不要轻言困难和拒绝。

二、替人考察型顾客及其接待方法

许多顾客进店，并不是为自己买空调来的，而是受人之托，当空调考察的探路先锋。这种顾客称为替人跑腿的顾客。

进店动机：收集资料，回去报告，影响购买。

导购要点：热情接待，留下电话，隔日回访。

下例中是典型的替人考察型顾客：

顾客是父子俩。儿子 20 岁不到。

导购：您好，需要多大房间使用？

顾客(父)：你介绍一下吧！

导购：好，这是金海豚健康空调，新年新推品种。

顾客(父)：有什么性能？

导购：一般空调只关注洁净，而澳柯玛空调运用六大健康技术，不只洁净，还实现了干爽、宁静、均衡等。

顾客(父):澳柯玛空调没大听说,但我家冰柜是澳柯玛的,感觉不错,所以空调也想买这个牌子。

导购:澳柯玛的强项就是专业制冷,一向是以品牌和信誉赢得消费者。买澳柯玛的产品,您可以很放心。

顾客(父):不过,您这儿只有这一种1匹的样式。

导购:其他的也有,只是今天暂时没样品,您可以先看看材料。

顾客(父):这空调性能怎样?

导购:质量很好,三重过滤的健康空调。

顾客(父对儿子):这个样子怎么样?

顾客(儿子):还行吧,空调都差不多外形。

顾客(父):回家再问问你妈。谢谢你,我们再看看。

导购:没关系。

上例的处理办法:

在本例中,顾客已经表明即将购买空调。但是,导购员一句"没关系",一个潜在顾客丢失了。

导购员应该对顾客讲:"感谢您才对。您看这样好吧,请您留个电话,来了新产品我立刻电话告诉您。到时候,请您和阿姨一起来看看。"

三、携子考察型顾客及其接待方法

相当多的顾客,尤其是女顾客在购买物品时喜欢带上孩子,以便于看管。

对于带着孩子的顾客,导购员要特别注意对待孩子的态度,因为这往往成为影响顾客是否决定购买的因素。

进店动机:空调孩子,一心二用;收集资料,受子影响。

导购要点:热情接待,关心小孩;留下电话,隔日回访。

先让我们来看两个例子:

例一:

柜台里,一位女顾客,带着一个3岁左右的小孩。女顾客正在看一台柜机样品。

女顾客说:“柜机好是好,就是占地方……”

导购员立即说:“不要紧,我们给您设计,尽可能少占地方。”

顾客高兴地说:“那……”

话还没说完,觉察到一点不对劲,抬头一看,导购员正拿眼瞪着她的孩子,再定睛一瞧,原来孩子正在撕扯一副招贴画。

女顾客的脸顿时不好看了:“宝宝,过来!”

孩子哭丧着脸走了过去。导购员有些不好意思了,又哄小孩:“小朋友,是不是很无聊啊?”

女顾客带着气说:“对不起,扯破了那么重要的招贴画……”

导购员急忙说:“没关系,没关系,里面还有很多备用……”

没等他说完,顾客已经拉走孩子:“谢谢您,我改天再来。”

例二:

空调柜台前,一位年轻的父亲牵着小女儿在看空调样机。

小孩子突然哭了起来。父亲莫名其妙地一看,糟糕!孩子已忍不住尿出来了。年轻的父亲愣在那里,又无助又着急。这时,一个女导购员走了过来。

“先生,交给我处理好了,这边请。”

说完,抱起小女孩,引导那位顾客到店内一隅的盥洗室。没多久,小女孩欢欢喜喜地被女导购员抱了出来。

女导购员满脸堆笑地招呼年轻的父亲:“好了,已经处理干净了。不过裤子有些湿,我用纸巾垫着,免得她不舒服。”她又走回原来的柜台,好像没发生什么似的。

年轻的父亲难掩心中的感激之情。以后只要要买空调,他必到这个柜台。

如果顾客带着小孩上门,在招呼顾客的同时,别忘了亲切地跟小孩说几句话。但也不要奉承得太露骨了,因为这反而容易招来反感,结果适得其反。称赞孩子尽量用一些不太离谱又能让父母亲高兴的措词,例如:

这孩子真有精神!

这孩子真聪明伶俐!

小朋友,幼儿园好玩吗?

例一处理方法：

导购员用瞪眼的方式对待孩子的小小动作，导致即将成交的生意泡了汤。

由于空调是大件耐用品，所以人们购买时都格外细心，比较费时。导购员最好准备一些带有广告意义的玩具，如气球，让小孩子排遣无聊。这样一来顾客就可以专心地挑选空调，而导购员也不会受到孩子的干扰，避免双方的尴尬。

例二处理方法：

一般柜台遇上小孩尿在店里，一定没有好脸色看，这位女导购员却能当机立断迅速予以人性化的处理，确实值得学习。任何人在困难时受到别人的恳切帮助都会心存感激的，女导购员的一次帮助，将得到这位年轻父亲的感谢和支持。

一件小事可能打动一位顾客的心，能够熟练运用这一技巧的导购员一定可以成为顶尖的导购高手。

导购员关照孩子，父母亲用购买来答谢，这是父母亲本能的反映。有意借助小孩增进导购员与顾客间的人际关系，这种方法屡试不爽，一个顶尖导购员不可不会此招！

四、结伴购买型顾客及其接待方法

空调是大件家电，在购买时，顾客很少一个人来，结伴同行的多。结伴购买的主要原因，是顾客自己往往拿不定主意，需要同伴给自己当参谋。

顾客有时候是夫妻同行，有时候是母（父）女（子）同行、兄妹同行，有时候是朋友结伴而行。有两人同行的、三人同行的，甚至多人结伴同行的。

进店动机：心存疑虑，旁观者清，当场决定。

导购要点：认清关系，团结同伴，主推两款。

以下是典型的结伴购买型顾客：

例一：

顾客A和B结伴来到柜台。

顾客A为选择一种款式而犹豫不决，而B顾客则在柜台周围闲逛，无事可做。

顾客A招呼B说："我眼都看花了，你也过来帮我挑一挑嘛！"

顾客B懒洋洋地应道:“好吧!”看了一下之后说:“我觉得广告上说的都挺好,我认为它好,你不见得赞同……所以还是你自己决定好了。”

接待这两个顾客的诀窍,是设法使不购买空调的同伴B,站在自己一边,结成说服的统一战线。

这时,导购员可以说:“小姐,您的朋友好像难以决定,您来看看怎么样?依我看,这款最合适了……”

顾客B这时得意地说:“我刚才就觉得这个不错,别再犹豫了,听导购员的没错啦!”

顾客A终于被打动了:“真的很适合我吗?好,就买它吧!”

例二:

导购员:你家房间面积多大?

女顾客:不到20个平方吧。

导购员:这款1.5匹的比较适合。冷暖两用,价格也比较合理,还有这款变频的,买的人也很多。

女顾客:好像比其他牌子的贵一些呀!

导购员未回答。

此时,婴儿哭泣,男主人抱着孩子走过来,说:“走吧,走吧!”

女顾客说:不好意思,打扰了!

然后抱过孩子,匆忙走了。

例一的处理方法:

顶尖导购员要懂得如何与结伴而行的顾客结成同盟,三心二意的顾客在同伴的劝说下就会下定购买的决心。导购员征求同伴的意见,使她感到自身受到了尊重,自然觉得轻松自在,也乐于帮导购员说话。反之,如果把同伴冷落一旁,她就可能会有意拖后腿。一句“这个看起来不怎么的”就会使一场交易砸锅。

例二的处理方法:

准备一些小气球、小铃铛,当婴儿哭时,可以用这些小玩具逗他高兴。同时,称赞小孩长得漂亮。

五、杀价购买型顾客及其接待方法

每个导购员都深有感受，有的顾客生来就有杀价的天性，而且精于杀价。正因为他们对于自己的能力深信不疑，并常为此而沾沾自喜，所以他们常常乐此不疲。这类顾客我们称之为杀价购买型顾客。

进店动机：选好款式，坚持打折，当场购买。

导购要点：赞扬眼力，突出质量，适当满足。

杀价购买型顾客，千人千面，其杀价的手法也是林林总总，不一而足。但总的来说可以归纳为以下几类：

其一，是温柔一刀型。比如，在考虑一番后作委屈状，说："没办法了，只好将就这个吧，能不能便宜一点呢？"

其二，是当头棒喝型。他们认为要导购员减价是理所当然、天经地义的，所以他们开口就是："怎么样？你能打几折？"

其三，是施恩型的杀价法。顾客摆出一副可怜的样子说："小姐啊，你也要替我想想吧，我特地从那么远的地方跑到你这里来，好歹你也要优惠一点嘛！"

其四，是软硬兼施型。顾客说："这一条街上那么多家商店我都没去，直接就上了你这家。冲这点你也应该少算一点才是啊！"

其五，是理解体贴型。顾客甚是深明大义："小姐，你不要说了，我也知道现在生意难做，也不好意思再要你打七折，但是我今天带钱不多，你看能不能来个八折吧！"

其六，是牵制型杀价法。顾客利用其他商店的价格来逼你让利。比如，一个顾客故作惊讶地嚷道："哎呀！怎么这么贵啊？3500块钱，杀人啦！你看街头A家3000块，隔街B家2950块，对门C家的2850块。我也不要你降得太低，2900块总可以吧？"

其七，是笑里藏刀型。顾客自言自语地说："不降价没关系，顶多不买罢了！"

其八，是低姿态的杀价法。顾客很是通情达理："小姐，实在不好意思，浪费了你这么多的时间。今天我的手头刚好就带这么多的钱，如果你3000块钱（标价是3300块）能卖，我就买了。"

上述这“杀价八部”一般是不受欢迎的，管它温柔也罢，强硬也罢，到头来都是要少付些钱，导购员心中只有一个感受：难缠。

其实，导购员应当欢迎杀价购买型顾客。正因为他们是有心购买，才开口杀价，杀价是购买的前奏，所以导购员一定不能对他们“敬而远之”。

例一：

导购：多大房间？

顾客（一对年轻夫妇）：不到 20 平方米

导购（指着一个柜机）：这个是电加热的。

顾客：电加热是什么？

导购：电辅加热后能带动外机，超低温启动。一般零下 5 度以下就不能启动了，这种的零下 8 度也没问题。

顾客（男）：有宣传册吗？

导购：没有。

顾客（男）：最便宜多少钱？

导购：6000。

顾客（男）：不能再便宜了？

导购：不能了。

顾客（男）：走，走，走，这么贵买这个干什么，再看看别的。

导购不说话，也没有任何表情。

例二：

顾客是一中年妇女；男导购。

顾客：同志，麻烦问一下：总共二十五六个平方，18 个平方的客厅，七八个平方的卧室，用什么样的空调好？

导购：最好选两个挂机吧，一个放在卧室用这个 1.2 匹的，另一个挂在客厅用这个 1.5 匹的。这样可以保证制冷或制热的速度。

顾客：需要多长时间？

导购：不用半小时。

顾客：有人跟我说这个 1.2 匹的不错。

导购：这款机型不错，但是 18 平方米的客厅用它小了点，效果不好；不如用

1.5 匹的，虽然匹数大，但开机时间很短就可以达到设定的温度。

顾客：要多少钱？

导购：1.2 匹的 3620 元，1.5 匹的 4640 元。

顾客：你们这搞不搞活动？能不能便宜一些？

导购：不能，就这个价钱，已经是最低价了。

顾客看了看那两款空调就走了。

还有一些杀价购买型的顾客，一进门，估摸着经理不在："呃，你们经理哪里去了？怎么没看见他啊？……出去了啊？真不凑巧啊，我是他的老朋友啊，每次我来买东西他都给我最低价。这样吧，今天我打 8 折买台挂机，等他回来你告诉他一声得了！"

也有些顾客是"倚老卖老"，动不动就说："降点价有什么关系嘛？我是你们的老主顾嘛！我家冰箱就是买你们的，那时候你还没来呢！"

也有一些顾客是用借力打力法来杀价的。无论买什么东西都是说："我有一个亲戚就是做空调批发的，底价我再明白不过了。这款空调你打算卖多少钱？"

其实，杀价的责任，也不能全怪顾客，顾客可能感受不到导购员的诚意，双方不能取得相互信任。

近年来，一些螺丝刀空调厂生产的产品以极低的价格进入市场，导致一些顾客认为空调有很大的降价空间。如果公司制定的价格是合理的，那么不管杀价购买型顾客使出何种招数，导购员都要以一贯的态度，郑重地、有礼貌地答复："您说的是。不过恐怕要让您失望了，我们有我们的质量，这个价格实在不能再降了。"

一旦顾客了解了导购员的诚意后，自然会知道再怎么杀价也于事无补，也就不会费神地去讲价了。

一个公司如果想要在柜台推行不二价的做法，它必须先满足三个条件：

第一，不管对方是谁，不管他有任何理由，绝不能为其所动。一次破例，前功尽弃，以前的心血都会化为泡影。

第二，对以统一价格售出去的空调，一定要配以完善的售后服务及愉快的接待态度，要让顾客感到满意。必要的时候还可以赠送给顾客一些小礼品或赠品。

第三,要持久地宣传本公司推行不二价的活动。最好给顾客发放一些宣传单,注明“本公司实行不二价,请各位安心购买!”等。

实行不二价,“准备”和“决心”十分重要。准备时间仓促,马马虎虎地推行开去,很容易失败。在推行的初期,营业额可能会有短期下降,这时切切要咬牙坚持。

六、特价购买型顾客及其接待方法

如果说广告使人心动,促销则使人行动。促销是一种重要的竞争方式。在国家法规允许的范围内,可以适当搞些特价活动。悬挂在店前的“厂价、出厂价销售”的标语总是能够吸引一些路人的眼光。在低价的诱惑下,他们会情不自禁地走进看看,这些人就是购买特价品的顾客。

进店动机:直奔特价,现场购买。

导购要点:热情接待,突出卖点,肯定质量。

下面两例,就是特价购买型顾客的典型:

例一:

一个男性顾客,在人群中挤得大汗淋漓,问导购员:“先生,你们这还有没有功能多一点的了?这个款式没有液晶显示功能……”

导购员答道:“您就不要挑了,都这么便宜了,您还计较什么!”

顾客还是不甘心,又问:“有液晶显示功能的空调,确实没有这个价格的吗?”

导购员回答:“你没看我都忙成什么样了,等会再说吧。”

例二:

早上刚上班,一位顾客急急忙忙闯进店内,问导购员:“你们的广告里说今天有特价优惠空调,在哪儿?”

导购员想了一想说:“你问那个啊?已经卖完了。”

顾客显然对导购员的这种冷漠的态度很不满意,追问道:“你们不是刚刚开门营业吗?怎么卖得这么快?”

导购员丝毫没有在意顾客的不满,说:“没错啊,广告不是说了‘数量有限,预购从速'吗？谁不想买到呢？一大早就有许多顾客在外面等了，等到一开门，他们一拥而入……"

顾客似乎不很相信："真的吗？你们到底准备了多少？"

导购员只敷衍了一句"只有10台啊"。然后，就开始一个劲推荐其他款式的空调了："我看这样好了，您看看这款空调，它的质量远远比那种好。便宜无好货，还不如多花几个钱一步到位呢。"顾客丢下一句："我对这种不感兴趣。"然后就生气地走了。

一般说来，在以特价优惠形式进行促销的活动中，来的很少是中高收入顾客。尽管柜台前人头攒动，但大多是冲着打折时机，专门来购买特价品的。

在上面的两个例子中，导购员的态度都是很差劲的，他们不但不感激顾客的惠顾，反而摆出一副高傲的脸孔，好像特价品卖给顾客，是让顾客占了很大便宜似的。这样一来，顾客普遍会有上当受骗和被愚弄的感觉，心中会十分不高兴。

如果在特价活动中让顾客不高兴。不仅那位顾客会产生反感，他还会把这种反感的情绪传染给他的亲戚朋友，这样会使你丢掉许多顾客，甚至招来投诉和新闻媒体的介入。这样的打折特卖活动有百害而无一利，办了还不如不办。

我们明知道这种顾客是冲着特价品来的，也不能因此而歧视他们或对他们接待不周，而应该用感激的心情和他们打招呼。

为购买特价品来的顾客越多，我们交上的朋友就越多，这样就能争取到越多的明日的顾客。我们要以这种心态举办优惠酬宾活动，每次举办酬宾活动时，都要给来的顾客一封感谢函："非常感谢您的惠顾，忙乱之中如果有服务不周的地方还望您海涵，并请您下次再光临本店。祝您身体健康，万事如意！"可以想见，当顾客回家读到这封感谢函时，他的心中会生出多少感动！

针对上面举出的两个例子，我们可以采取下面两种方法来接待购买特卖品的顾客：

例一的处理方法：

导购员应当对顾客说："对不起，这款空调确实没有液晶显示。您能否稍等片刻，让我打电话问一下公司，看最近是否可能有您需要的产品，可以吗？"

只要你打了电话，即使没有，顾客心里也会感到暖洋洋的。

另外在酬宾活动中要尽量避免使用诸如“便宜”、“贱卖”等宣传字眼，这些词语容易让顾客产生便宜没好货的联想。

例二的处理方法：

导购员可以对顾客说：“先生，实在对不起，没想到会有这么多顾客光临。你看这样好吧，你先留下电话，以后一有类似活动，我立马告诉你。”

让利酬宾期间空调的名称、价格及馈赠数量应当在宣传广告上标明，或者张榜公布于店门之外，让顾客心中有数。如果货物售完了，公司一定要立即贴出“感谢惠顾，货已售完”的通知单，以免破坏顾客的情绪。

七、赠品购买型顾客及其接待方法

如果买一台空调，还能得到额外的赠品，那是再好不过的了。

事实上许多顾客就是在“赠品”的吸引下，才产生购买意愿的。这一类型的顾客我们称作赠品购买型顾客。每当举办促销活动时，里面就有很多是“赠品购买型顾客”。

进店动机：相信质量，喜欢赠品，当场购买。

导购要点：赞扬眼力，承诺服务，赠品感谢。

下面是赠品购买型顾客的例子：

例一：

顾客是一位老年人和一位年轻女子（父女关系）。

老年男子问年轻女子（指着一柜机）：这个怎样？

男导购：你家多大面积用？如果30平方米以上用2匹就可以，30平方米以下用1.5匹就够了（然后介绍性能）。

顾客没有反应。

男导购：现在买便宜，搞活动，有赠品。

旁边一男子插话道：什么赠品，就两包洗衣粉。

男导购不屑地笑着说：赠品也不可能有什么大东西。

顾客：还可不可以优惠了？

男导购：这个不能再优惠了。

顾客走了。男导购没说话，叹了叹气。

例二：

有一对夫妇刚买完空调，又回来向导购要赠品。因为顾客在别处听说买空调有赠品送。

顾客：有赠品吗？

导购：哪有赠品？（皱着眉头边说边在柜台下找，拿出一包洗衣粉给了顾客。）

顾客：不跟你要你都不给。

导购没说话，顾客拿着赠品走了。

例一的处理方法：

旁边一男子插话道：什么赠品，就两包洗衣粉。

导购员：是，礼轻心意重嘛。夏天经常洗衣服，赠送洗衣粉表达一下我们的心意。

例二的处理方法：

导购员应马上说："实在对不起，你看，我一忙就忘了，太抱歉了！"

选择"赠品"时要注意以下两点：

赠品价值不用太高，但要精美。

纪念品必须是实用性的、市面上又不容易买到的东西，它能够引起顾客收藏的欲望，最好不是短期消费品。

八、退换货型顾客及其接待方法

由于空调是一种耐用大件商品，各个公司都承诺"实行三包，在三包期内，属于质量问题给予退换"。每家公司都会遇到退货、换货的顾客，这并不为奇。但是要认真对待，敷衍搪塞，甚至口出烦言都是不对的。

进店动机：心存烦恼，心情烦躁，迫切退换。

导购要点：热情接待，不要辩解，当场解决。

下面是退换货型顾客的例子。

例：

一个顾客来到空调展区，径直走到某品牌柜台前，见到导购员就说："小姐……"

导购员殷勤地跟她打招呼："你好，欢迎光临！"

顾客气哼哼地说："前天在你这儿买的空调，昨天刚刚安装好，但噪声太大，我要退货……"

导购员的脸一下子就沉下来了："哦，要退货啊……噪声能有多大啊，别的顾客没有出现这种情况啊。这样吧，我先打电话让维修服务人员去你家看一下。"

顾客语气肯定并带有火气地说："就是噪声大，吵得我一晚上没睡好……"

导购员十分不情愿："这我做不了主，必须要维修人员上门检查才行啊！"

顾客走了后，导购员还一脸怨气。

顾客对产品若有不满意之处，容易要求退换。遇到顾客坚持退换，导购员与其勉强应允，让顾客觉得不快，还不如爽快地答应下来，这对现场的其他顾客是有力的服务形象宣传。

顾客提出退换时一般有火气，如果导购员态度殷勤，有火气的顾客一定会松口气，虽然这次顾客只退货或换货，下次有机会一定会宣传给他的亲朋好友。

上例的处理办法：

导购员应该首先说："你别上火，什么问题我都肯定帮你解决。"

顾客："不上火，你花几千块钱买个空调，导致一晚上休息不好，你不上火?!"

导购员："要是我也一定上火。这样吧，我立即打电话通知服务人员马上上门看看，如果不是安装问题，肯定给你换台你满意的。"

第二节　九种沟通性格

导购员要想真正打动顾客，必须做到知己知彼。除了清楚地识别顾客进店

动机之外,导购员更要把握顾客的性格,投其所好。从购物心理角度分析,顾客的购物性格有十种:

一、专业型顾客及其接待方法

在空调柜台导购过程中,我们会碰到这样的或类似这样的情景:

顾客看着两款分体式挂机,仔细比较,并问:"这两款空调的功能看起来完全一样,可价格却相差1000多元,到底差在哪儿?"

导购员一脸迷惑:"这个……嗯,我想价格高的质量应该更好些。"说完,满脸通红。

顾客并未得到满意答案,继续问道:"我知道,质量好的价格一定会更高,可我想知道它的优点在哪?"

导购员满面窘态,不知如何应对。

顾客说:"看来你似乎不太清楚。我虽然不精通,但依我看,两者的差别应该在空调的压缩机上。进口压缩机贵些,所以价格相对较高,国产压缩机便宜些,价格就相对低。"

导购员如梦初醒:"原来如此!真对不起,我刚来不久,这方面的知识还有待加强,希望能得到您的指教……"

这时,顾客态度很认真地说:"其实我知道的也有限,不过,我很欣赏你的诚实。这样吧,我就买价格高的这台了。"

我们把这种顾客称为"专业型顾客"。一般来说,专业型顾客比较重视不同款式空调质量方面上的差异,并刨根问底地想搞清楚为什么有差异。

专业型顾客还是自己圈子里的舆论领袖,非常乐于给亲朋好友当购物参谋。

性格特点:注重差异,刨根问底,舆论领袖。

导购要点:虚心请教,称赞内行,保持联系。

专业型顾客可细分为三类:

1. 深藏不露型。

2. 一见面就表明态度单刀直入型。

3. 认识不深却装作懂得很多的自我膨胀型。

这三种顾客都不能马虎对待。

对待“深藏不露型”的顾客

一旦发现某位顾客对空调专业术语很熟悉,导购员没有必要胆怯 在这样真正的专业级顾客面前,承认自己专业知识不足,不仅不会被轻视,反而会得到欣赏,因为所有真材实料的专家,都喜欢虚心的“学生”。因此,导购员必须虚心请教,称赞这样的顾客是内行,并表达乐于请教的态度。

对待“单刀直入型”的顾客

面对这样的顾客,如果导购员缺乏足够的专业知识,在应对时出现破绽,就会立刻遭到反击,有时会使导购员下不了台。碰到这种顾客,导购员会下意识地产生反抗心理,并将反感表现在态度及言词上,这点是不可取的。

因此,不管顾客有多少空调知识,导购员都应当由衷地奉承:“真想不到,您对空调真在行。”同时,当顾客问到某个专业术语时,如果知道,就回答。如果没有把握,可以说:“不好意思,这个问题我理解不深,不知您是怎样理解的?”或者:“不好意思,这个问题我理解不深,你看这样好吧,我请我师傅来?”

对待“自我膨胀型”的顾客

面对这种类型的顾客,多数导购员下意识地采取轻视的态度,并试图通过辩论的方式,证明这种顾客的无知。

切记,导购过程不是武术切磋,没有必要比个高低。如果真碰到“自我膨胀型”的顾客,不要去证明顾客错误,即使你证明了他是错的,你仍将失去到手的生意。越是这样的顾客,越希望别人认为自己是专家。因此,你仍然可以由衷地称赞他:“你真内行,你看这款空调(递上材料),我觉得这款空调有两个特点……三大功能……对用户来讲,有三大好处……你看我理解得是否对?”

作为一名合格的导购员,应有能力说明本柜台的任何空调,自觉掌握空调知识有多种途径:

导购员之间相互切磋;

仔细研究厂家送来的空调说明书;

学习空调专业书籍;

向真正的空调专家请教。

记住:你想给别人一滴水,你要先有一桶水。

如果导购员具备了丰富的专业知识,不但能取得专业型顾客的佩服,还能赢得任何顾客的信任。

对前述情形，我们这样处置更完美：

不知道如何回答顾客询问时，应先表明态度：“我刚来，还不太清楚，麻烦您稍等片刻，我立刻请别人来为您解说。”然后立刻请经验丰富的老导购员来招呼。万一叫不到可提供帮助的人员，也不要闪烁其词，坦诚向对方请教更能博得好感。

但是，以上只是迫不得已的权宜之计。导购员对空调一知半解，最容易失去顾客的信任。与其有心请教顾客，为何不事先学习？“刚来没多久”不能作为推卸责任的正当理由。

二、认牌型顾客及其接待方法

认牌型的顾客，一般指那些在来商店购买空调时，已经选定自己认可的空调品牌的顾客。因此，这样的顾客，进入空调展区，尽管也可能到其他品牌空调柜台转一转，但往往是一晃而过，更多的是直奔选定品牌的空调柜台，在一两个款式间进行比较购买。

性格特点：事先认真考察，现场认定品牌，柜台选择款式。

导购要点：称赞真有眼力，肯定驰名品牌，主推两个款式。

从以下实例中，能更好了解认牌型顾客的性格特征。

例：

一对三十岁左右的夫妇，径直走到某品牌空调专柜前。这两个人衣着讲究，妇女浓妆。

导购员主动迎上前去，说：你们好，要买空调吗？

顾客甲（男）：对，这种款式看上去不错，能介绍一下吗？

导购员：这是我们的最新产品，采取环绕立体式送风而且是变频技术，省电健康！

顾客乙（女）：就这一种颜色吗？

导购员指引两位顾客走到展台的另一边，说：还有银色的。看上去更豪华更典雅。

顾客乙：这个不错，价格也还算可以。

导购员：对不起，这种产品今天没货，大约一周后才能来货。

顾客甲：这样啊！我们想今天就买，家里现在装修，正等着打眼呢！可你们银色的又没货，能不能帮忙想个办法？

导购员：这样的话，你稍等一下。

接着便转身去打电话，此时夫妻二人焦急等待。

过一会儿，女导购员回来了，微笑着说：要不这样吧，您先填张单子并付款，我们今天可以派人去您家帮您打眼。一周后有货了我们再上门安装，可以吗？

顾客两人相视而笑，十分满意，说："好的，谢谢。"

随后，由导购员随同前往付款处办理手续。

手续办理持续20分钟，无送客过程。

导购员必须注意，不要以为品牌美名在外，即高枕无忧，以为顾客会自动上门。实际上，指牌购买率不超过25%。

多数顾客即使在事先准备好选购某个品牌空调，在柜台现场也完全可能临时变卦。这也是设立柜台导购员的重要意义所在。

认牌型顾客，主要是因为信任空调品牌，信任空调厂家，信任朋友推荐。

因此，作为一名导购员，要常常自我反省：顾客到底信任我们什么？期待我们什么？我们除保持现有优点外，应如何"更上一层楼"？

三、熟人型顾客及其接待方法

如果导购员是在住家本地工作，肯定会有一大圈亲朋好友。做过一年半载空调导购后，也一定会有上百的老用户。因此，在柜台接待新顾客时，肯定会碰到熟人，也肯定会碰到老用户带着亲朋好友来购买空调。

性格特点：爱要面子，自然信任，购买率高。

导购要点：感谢新客，招呼熟人，先来后到。

因此，在接待新顾客的时候又来了熟人时，不能顾此失彼。

例一：

某柜台内，导购员正在向一名顾客介绍。这时，进来一位小姐。导购员见状，立刻高声喊道："王晓霞！好久没见你了。怎么，要买空调？"

对正在接待的顾客，则态度冷淡："你看还有什么问题吗？"

顾客回答："没啦，我再考虑考虑吧！"

导购员冷冷答道："好，慢走，下次再来。"

然后，导购员与老同学兴高采烈地聊在一起。

可见，王晓霞是熟人，正在挑选的顾客是新客。然而导购员对二者的态度却这般悬殊，既伤害了顾客的自尊心，亦影响本品牌的声誉。

例二：

某空调柜台前，一位女导购员正与一名看似熟人的男青年聊得起劲。仔细一听，其内容不外乎电影明星及各种小道消息。顾客与导购员如此之"熟"，也往往令人有过分的感觉。过往的顾客见状，纷纷一闪而过，唯恐打扰他们的聊天。

顾客与导购员之间适当的交流非常重要，既能增进感情，又能树立热情服务的美名。但是，以上两例却过犹不及，适得其反。

因此，作为导购员：

即使接待熟人，也要保持礼仪。过分的亲近，会招致顾客的反感。

即使与顾客闲话家常时，态度及措词都要有分寸，不可忘记自己正在进行销售工作。

即使顾客自动聊起个人问题，也应委婉避开，划清彼此间关系，才不会让其他顾客感到不舒服。熟人得罪不起，但也不能为了照顾熟人而使新顾客感到心里不平衡，忽视了新客可能会成为用户的巨大潜力。

熟人与新客，都是客人，都是上帝。他们有权利获得平等的待遇。二者一起上门时，最好先一同招呼，等顾客散开后，再个别照顾也不迟。

从以上两例，可总结出一些接待熟人的办法。

例一中，导购员见到多年不见老同学，又是来买空调，表现出惊喜、希望、热情，是可以理解的。但错在态度过于明显，让其他顾客一眼看出之间的差异，自然心生不快。

实际上，遇到多年不见的熟人，激动是人之常情，这时候，与其冷落其他顾客，不如让其他顾客分享你的喜悦："真要感谢您带给我的好运，您看，您一来，我好几年没见的老同学也来了。我先给她打个招呼后，您看好吧？"打个招呼后，应该立即更热情地为眼前的顾客服务。

因此遇到店内有两个以上顾客时，导购员要始终坚持应对的原则，即使其他顾客先出声招呼，导购员也应先跟眼前顾客致歉，事情办定后立刻回到原顾客的地方，绝对遵守公平对待原则。

例二中，则应注意与顾客保持适当距离，避免闲扯不相干的话题，“距离能产生美”绝对是一条永恒的真理。

四、犹豫型顾客及其接待方法

日常生活中，在面临几种选择时，多数人缺乏当机立断的能力，表现出不同程度的优柔寡断，百般踌躇。

由于空调的专业性、高价性，在挑选空调时，多数人更是显得犹豫不定，听到许多专业术语，面对诸多款式、功能相近的空调，确实难以取舍，这样的顾客即是犹豫型顾客。

性格特点：思路不清，缺乏主见，左右为难。

导购要点：判断价位，主推两款，锁定一款。

例一：

顾客站在柜台前，招呼道：“对不起，麻烦您介绍一下这个款式。”刚说完，突然眼睛一亮：“咦，那边那个款式也不错，也介绍一下。”

没多久，一转头，“啊，那个似乎也不错！”顾客三心二意，很难抉择。

导购员一一照办：“是啊，这种目前正在搞促销，销得很好……”

顾客对柜台上摆出的七八种款式空调东看看、西看看，哪种都觉得满意，又哪种都觉得有不足之处：“到底选哪一个好？哎呀呀，我眼都花了，还是不知该买哪个。这样吧，我明天再来看，麻烦您了。”于是，顾客空手而回。

在空调柜台里，这种情景或类似这种情景是常见的。更多的犹豫型顾客，不见得直接表达出来，而是转来转去，东看西看，就是不知如何选择。

一般来说，女性由于其细心的天性，在这种类型顾客中占大多数。

例二：

一位女顾客站在分体式挂机柜台前，千挑万选，初步筛选出三种款式：“这三种看来都不错，依你看，哪一种更合适？”

导购员机灵地答道：“当然要根据你的房间特点了，不过这种(A)是今年最新款式。”

女士将信将疑:“哦?我看这种(B)款式外观挺别致的,你看呢?”

导购员反应很快:“是啊,确实是挺别致的。”

顾客又指向另一种(C):“你刚才说这种比较省电,是不是?”

导购员连连称是:“的确,这种比较省电。”

面对导购员八面玲珑的回答,女顾客完全失去了选择能力,最后无奈地说:“我还是回去,等我先生来了再合计合计吧。给我些材料,感谢您的费心介绍。”然后转身而去。

导购员心中不平,一面暗暗抱怨着,一面回到原处。

例三:

导购员提出自己建议后说:“……所以,我认为这款适合您。”

可顾客瞧着旁边那一种说:“这边这种好像也不错。说实话,我最喜欢那种进口品牌,就是价钱太贵了些……”

导购员说:“先生,一分钱一分货。进口品牌,价钱自然要高些,您看这一款行不行?”

顾客有些为难:“可是,和我原先的打算有些出入。按照您的说法,先前那种质量似乎不太好。”

导购员急忙解释:“不,不,我不是这个意思,那种质量也很好。”

顾客此时一脸疑惑:“我都给弄糊涂了!”

可导购员却仍极力推荐:“先生,这种也不错,我觉得它非常适合您。”

顾客已打了退堂鼓:“是吗?我看我还是先到别处再看看吧,麻烦您了。”

例四:

在某柜台内,A、B 两位顾客正在挑选空调。

A 顾客说:“这种日本品牌空调很不错,可是价格贵了点。”

导购员解释到:“物有所值嘛!”

A 坚持说:“可是,同一种空调,在前面那家店里价格却很低。”

导购员有些不解:“是不是看错了?我们是从总代理商直接进货的,不会比别的商店贵。”

这时 B 插话进来:“A 说的没错。能不能算便宜一点儿?”

A 补充道:“您是说不能降价吗?那我们下次再来吧,可别买贵了。”

遇到这种情形应该如何应对呢？实际上，犹豫型顾客可分为两种类型：

自身犹豫型，和例一所示一样，顾客本身完完全全不懂得抉择；

诱导犹豫型，和例二、例三、例四一样，导购员模棱两可的回答，诱导顾客犹豫不决。

面对这种类型的顾客，要记住对方第一次看的是什么空调，多次看的是什么空调，根据其态度，若她再次关注那种空调，可用自信的口吻说："太太，我认为这种最适合您。"这通常会使顾客当场作出决定。

若旁边还有其他顾客时，也可征求第三方意见，这也是促使犹豫型顾客下定决心的方法之一。一般情况下，被问及的顾客会予以合作，且赞同率往往高达90%。

针对例二的情形，最糟糕的回答就是"每款空调各有特点"，这只能使顾客更加迷惑。"这个很好"、"那个也不错"收不到什么积极效果，倒不如具体问对方："太太，您住几层楼？什么朝向？"根据其回答内客，再拿出自己的建议，这样会使对方信服之后下定决心。

五、协商型顾客及其接待方法

在商品的柜台导购过程中，往往会遇到一种顾客，主动希望导购员帮助判断哪种商品适合自己，这类顾客我们称作"协商型顾客"。顾客之所以找导购员商量，完全是出于对导购员专业知识的信任，因此导购员应尽心尽责提出建议，不使顾客失望。

性格特点：主动诉求，寻求帮助，购买率高。

导购要点：感谢信任，专业设计，实事求是。

例：

有两位女顾客：一位东北口音，一位江苏口音。两个人站在一款中央空调样机前，正议论着什么。

导购员：您要购买家用中央空调吗？

顾客甲：对，我们小区已经有一家购买了家用中央空调，我们听说你这有卖的，就过来看看。

导购员：您的房屋面积有多大？

顾客甲:我们是两户,她在三层,我在四层,都是三室一厅,每户120平方米。因为是刚建好的小区,还未通暖气。但我们已经开始装修了,想年前住进去,同时参考了朋友的意见,决定两家合买一套中央空调。

导购员:您可以简单画一张平面图给我们吗?我们可以为您设计一套最简单的组合。

边说边去柜台拿来纸和笔,面带微笑递给顾客甲。顾客甲在一旁画图。

顾客乙:那太好了,一般要花多少钱?

导购员:在没有给您做设计前,很难告诉您一个准确数字,但通常情况下240平方米的房子得花3万元左右。

顾客乙:还能优惠一些吗?

导购员:当然可以,这要根据您选择的型号来定。

这时顾客乙的手机响了。顾客乙跑到一旁去接,然后显出很焦急的神色。

顾客乙对甲说:某某找咱们有急事,快去吧!

顾客甲:那好,我们有事要先走了,明天下午我们再来详谈,好吗?

导购员:大约几点,我们好做安排。

顾客甲:现在定不下来(随手掏出一张名片)。这是我的名片,我们明天上午联系!

导购员:好的。

顾客乙:你们库里有现货吗?

导购员:没有,但我们可以马上和厂商联系,两三天内就会把货运过来。

顾客甲:那好,明天见。

导购员:明天见,您慢走!

如果发现顾客属于协商型顾客时,导购员应做到:

首先要感谢顾客的信任。这种感谢,不仅是表示谦虚,也是对顾客的尊重。

应确立责任心,不能以随意的态度敷衍顾客。

应尽量避免为获取利润,极力推销高价格空调,而不管它是否适合顾客的实际需要。

应摸清顾客的意图后,再提出建议。千万不可在顾客尚未仔细挑选时就急不可耐地说:“这个适合您。”这往往会使顾客感到过于唐突。正确的方法是导购员先说出自己的建议，同时留一定时间给顾客考虑定夺。

六、寡言型顾客及其接待方法

顾客走进店里，巡视柜台，或仔细关注某种空调。导购员上前招呼："欢迎光临！"。看到顾客看分体式挂机，就问："卧室用吗？"如果顾客看柜机，就问："客厅用吗？"可是无论导购员怎样招呼，顾客仍保持着惊人的沉默，一言不发，搞得导购员尴尬不已。

这种顾客就是我们所说的寡言型顾客。他们并非假装没听到，也非对什么不满，只是天生不爱说话。

性格特点：观察仔细，自有主意，百问不答。

导购要点：自由游览，查看表情，插入提示。

例：

一位老年男性顾客走进某空调柜台。看看这个样机，看看那个样机。

导购员见状，连忙走上前去："欢迎光临！"并对顾客正看的空调逐一说明。可是奇怪得很，顾客一点反应都没有，不一会，便快步走出柜台。

导购员暗想："不说话我怎么给你讲？"

总有一些顾客，可能是天生的内向，也可能相信"祸从口出"，无论你多殷勤，仍然金口难开。但绝不能因为如此，就期望这些客人不要登门。因为这种个性很强的人，一旦中意某个柜台，通常就会成为其忠实顾客。

当顾客踏入空调展区，进入某个柜台，导购员就应察言观色：

判断。即根据顾客在其他空调柜台前的表现，判断是否属于寡言型顾客。

关注。如果发现某个顾客属于寡言型顾客，应特别注意他的目光投向哪里，注意哪些价位、款式、功率的空调。

跟踪。看其下一个目标朝向哪里，是否与第一次关注的空调相同。若相同，则说明顾客的目标大体在此。

接触。以"欢迎光临"开始，这时应观察对方的表情、谈吐，若判定他确实属于寡言型顾客，导购员应自行后退，让其"慢慢看"，轻松自由地选择空调。

提示。若发现顾客全神贯注地考察某一件空调，这时导购员应该走到顾客身边，但不宜靠得太近，说："这个款式满意吗？"然后不必勉强顾客回答，继续介绍:“这个款式确实很好,是今年的新款,有三个好处……”

深入。这时,只要顾客开启金口,或点头同意,表明此次提示已基本成功,接下来的应对要点是:态度从容,语调清晰、沉稳。

上述例子,在具体接待时,则应注意:

顾客没有决定买哪种空调前,切不可贸然上前应对。不如让其自由浏览,导购员不妨仔细观察,做好应对准备。

七、聊天型顾客及其接待方法

聊天型顾客的特征较为鲜明,这种类型的顾客,往往一进门就天南地北扯个没完,忘了来这里是为了购买空调。

性格特点:外向善谈,主动交流,兴趣明显。

导购要点:热情接话,先聊后听,主动转移。

以下就是有关聊天型顾客的案例:

例一:

一位顾客进了门,看到导购员,突然想起一件事:“对了,我怎么看你像我一个朋友?”

导购员客气地答道:“是吗?”

顾客听了很兴奋,“是啊,你家是哪里的? ……”

不知不觉,两人话题已是天南地北,一会儿又扯到家常话上,聊着聊着,突然顾客恍然大悟道:“哎呀,光忙着聊天了,我要买什么来着……啊……对了……”

这种顾客通常以中年以上妇女居多。导购员最喜欢这种顾客。

以下还有一例说明聊天型顾客的特征。

例二:

导购员小王,看到顾客站在柜台前,拿着一张晚报,正在看上面的体育版。小王扫了一眼,顾客感觉到了小王,便问:“怎么,你也对足球感兴趣?”小王说:“是啊,上边登的什么消息?”

顾客:“明天申花对万达之战,你看哪边会赢?”

导购员小王肯定地说:“准定申花队赢,我是申花队的坚定支持者。”

顾客不太情愿:“啊,那你就是我的敌人了,我看万达才会赢,等着瞧吧!”

这下可糟了。话题对路，意见却不统一，毫无防备地说出真心话把事情弄僵了。

由此可见，聊天型顾客的话题并不会始终围绕着一个内容打转，常常谈得起劲，以至于进入“忘我状态”，那么，重要的沟通就会被束之高阁。因此，遇上聊天型顾客要提高警戒，切不可放松精神。

如何对待聊天型顾客呢？一般可采取三个步骤：

第一阶段——和顾客聊天

根据现场情况，来衡量聊天的适当时间，如果没有其他顾客，这段时间不妨畅所欲言。

第二阶段——换成听众

觉得时间已差不多时，可停止对谈，做个听众，偶尔以“你说得很对”、“是吗，你真行”等短句回答。通常话题到这里便告一段落。

第三阶段——把空调说明书拿在手上

尽量吸引顾客注意到空调资料或款式上，装作漠不关心地整理资料。这时顾客往往会猛然醒悟：“哎呀，聊过头了……”这样话题自然转移到购买空调上。

对例一中的顾客，正确方法是最好选择能满足对方谈话欲望的话题，尽量避免提及与自己相关的事。

对例二的有效处置方法是，不了解对方站在哪一立场时，除非迫不得已，否则不要讨论竞赛或政治之类的话题；聊天时，不应该轻易发表自身意见，伤了和气可不值得。

八、抬杠型顾客及其接待方法

有一种顾客，总爱钻牛角尖，对导购员的讲解，总是喜欢抓其中的“小辫子”。一旦抓住，紧追不放，不理论一番心中便不痛快，这种顾客我们称为“抬杠型顾客。”

性格特点：爱钻牛角，爱问原因，爱好辩论。

导购要点：不讲绝对，不损同行，不伤顾客。

以下例子最能说明这种顾客的性格特征：

例一：

某位女顾客快嘴利牙，在听了导购员的介绍后，对导购员说：“……你的意思是说，你们卖得比别人便宜？”

导购员肯定地答道：“是啊！我们正在搞活动，别的厂家没有。”

这位顾客紧追不舍：“绝对？……请问一下，你说的别的厂家是哪一家？”

导购员犹豫了一下：“这个……当然是附近几家。”

顾客马上振振有词：“你是说左边的A，右边的B，还是那边的C？”

导购员面有难色：“对不起，我不能告诉您，不过价钱方面我绝对有信心……”

顾客抓住机会：“你看，我猜得不错，看样子，你并没挨家挨户实事求是地调查过。”

这种接二连三的进攻，往往使得导购员招架不住，产生自暴自弃的心理：“算了，买不买随你。”

例二：

一位年轻女顾客进入柜台。

导购：你的房间多大？

顾客：这些都是适合多大房子用的？

导购：这个1匹的带10平方米左右，1.5匹的带15—20平方米的，2匹的带25—30平方米的。你是多大房子用？

顾客：20多。

导购：这个2匹的就行（指着一挂机）。都是采用涡旋式压缩机，四面送风，超静音，节能，而且今天刚调了价。

顾客：为什么要调价？

导购：一方面是市场竞争，再就是调价是很经常的，一般过一段时间就会调价。

顾客：这是促销活动吗？

导购：不是。

顾客：为什么AB不搞促销活动呢？

导购：AB很少搞促销活动，其他厂家搞促销也是为了吸引顾客。而且AB是老品牌了，质量有保证，返修率很低。

顾客：前不久买了一台 AB 的，不能用，后来就退了。

这类顾客往往最不受欢迎。遇到这类顾客一定要从有自信的话题开始，千万不可触及不太明白的问题，或请了解实情的人相助，切不可表现出情绪及动作上的不满。

在柜台导购时，导购员的某些行为，特别容易引起顾客跟导购员争辩：

损伤顾客感情

顾客要求了解某种空调时，千万不要一上来就用那种你买不起的口气回答："啊，这台价格很高！"

伤害了顾客的自尊心，他必定要跟你耍耍嘴皮子抬抬杠了。

卖弄一知半解的知识

导购员不懂装懂，遇到抬杠型的顾客，就会忍不住想："好，让我教训你一下。"

毁谤同行

同行相争，千古不变。当导购员批评同行时，如自己家的价格比别家便宜、质量更好等，遇到抬杠型顾客，会忍不住说几句大道理，训诫一下狂妄的导购员。

顾客退换货时接待不当

当初明明说好可退、换货，现在却摆出这种苦瓜脸，让人禁不住想挖苦几句，以泄心中怨气。

因此，导购员应坚决杜绝以上四种情况的出现。

九、谦虚型顾客及其接待方法

谦虚是一种美德，具有谦虚美德的顾客在挑选空调时，往往会选择价格不太高的，或者质量不太差的空调，有不少人就属于这种类型。

性格特点：彬彬有礼，明言实惠，暗中比较。

导购要点：揣摩真假，选定款式，专业提示。

例：

一个老年顾客走到柜台前，对导购员彬彬有礼地说："麻烦您，这几款空调都有什么特点？"

导购员指着样机,“这几款空调各有特点,不知道您有什么具体要求?”

顾客爽朗地一笑:“便宜的就行。”

导购员:“可以,你看这款。”领着顾客走到一款样机前。耐心地解释到:“这款空调很实惠,价格虽然便宜,但质量很好。”

顾客看了看,又说:“好的,不过有没有功能再好一点儿的?价格不要太贵……”

导购员又指向另一款:“这款可以,比原来那款增加了两个功能,价格也没高多少,您看这种如何?”

这位导购员非常实在,完全遵照顾客的意思,尽拿些便宜的出来。这样做对不对呢?

第一,首先分析顾客的用词

当顾客说“要便宜的”的时候,导购员不可过于实在,说:“给,这些都是便宜的”,不妨说得委婉动听些:“这个款式今年流行,实惠,价格也合理。”

对待有这样要求的顾客,还需仔细观察其表情神态,最好如相面一般仔细:

当顾客说“只要便宜的就行”,若表情认真,或自言自语,这时通常是真的要便宜货;若口气爽朗,不怕别人听见,大体上可断定是谦逊或怕导购员推荐昂贵空调。

第二,观察顾客更多关注哪款空调

如果顾客再三关注某款空调,这款空调就是他们心中的理想款。导购员对这些信息应准确把握,不要轻信“便宜就行”之类的说法。

对待上例,如何处置才算合理呢?

首先要辨别对方是否是一个“真心英雄”,说的是不是真心话,还是在那美好的谦虚的德行下说出的言不由衷的话?然后再拿空调。

上例中,如果空调按价格高低贵贱分为 ABCDE 五种价位,可先拿出 C,看顾客反应后再提供 B 或 D,顾客拿 B 则再提供 A,拿 D 则再提供 E。

第三,给顾客树立自豪感

导购员亦应注意,千万不要让顾客觉得买便宜货没面子。因此,一旦顾客确实要购买低价位空调,导购员应肯定品牌,肯定空调的质量。

第三节　察言观色六步程序

1. 为什么要先了解需求

(1)某一品牌空调种类很多。一个导购员不可能,也没有必要一口气把所有的信息及产品介绍完;

(2)顾客和导购员的时间都是宝贵的,不应该将时间用于介绍顾客不需要的信息及产品上,否则无法体现便捷的服务原则;

(3)如果一上来介绍的信息及产品是顾客不需要的,顾客可能会对导购员产生不信任甚至抵触的情绪,无法实现顾问式的导购。

因此,导购员首先应该了解顾客的需求,然后才能根据需求来介绍产品。

记住:如果顾客没有需求,你推销不出去任何商品。

2. 如何了解需求

第一步:观察

当顾客进入你的视线,你需要从以下几个方面,观察顾客的购买能力:

(1)顾客的年龄:

根据年龄,可以判断顾客是青年、中年还是老年。青年追求时尚,但购买能力不高,可以向其推荐款式新颖、中等价位的空调;中年追求质量,购买力较强,可以主推中高价位的款式;老年顾客追求实惠,购买力偏低,则主推中低价位的款式。

(2)顾客的肤色:

一个人的肤色是最能反映其工作性质和经济条件的。皮肤细腻,保养良好,多半属于室内工作。如果再配以高档服饰,则可以判断出顾客从事的是高收入职业。

(3)顾客的服饰:

服饰反映一个人的收入水平、职业特点、审美能力。服饰包括服装、化妆、首饰、手表、鞋五个要素。根据这五个要素,判断其购买能力。

(4)顾客的线路:

即顾客进入空调展区后,在每个柜台、不同款式、不同价位品牌前的停留时间和关注时间长短。

(5)顾客与同伴的对话。

通过上述观察,导购员可以初步获得关于顾客的两类信息:

(1)购买能力

可能购买高、中、低哪个价位?可能喜欢多功能、标准功能、基本功能哪种款式?

(2)进店动机

今天是进店考察,还是现场购买?

课堂练习

问题一:以下观察到的情况给予你什么样的线索来帮助了解顾客的需求?

一个顾客走进空调展区后,在进口品牌前,关注时间很短。走到国内高价位空调品牌前,看了看价格牌,也很快离开。

两名顾客边说边走进店铺:"我家对门邻居买的一拖二,用的效果挺好……"

一个顾客在与导购员目光接触的瞬间立即避开。

一对青年男女走进来。

一位身背皮包行色匆匆的中年男性走进来。

一家三口,小孩约七八岁的顾客走进来。

问题二:根据你们的经验,从顾客那里还可以观察到哪些了解他们需求的线索?

问题三:从衣着打扮上,你判断出面前顾客是工薪顾客,你认为应如何向他介绍空调?

第二步:询问

(1)导购员应该主动地询问顾客的需求。

“请问，您喜欢哪款空调？”

“款式不同，适用不同房间。请讲讲您的具体情况，我帮助您挑选。”

(2)根据顾客对产品的了解程度，导购员可适当地加以提示。

如：“您是自己使用吗？”

“您需要长时间开着空调吗？”

“您家里有小孩或老人吗？”

“您的房间是东晒，还是西晒？”

课堂练习

针对以上两个题目，请每个导购员写出尽可能多的新的询问方式。

记住：询问不能变成审问。顾客一旦感觉到你在审问，就会拒绝你。

但是，从柜台导购的实践看，导购员最常用的两句开头询问方式，是：

(1)房间是多大的？或：多大的房间？

(2)你要几匹的？

这种直来直去的询问方式，会让顾客感觉到你这是在推销，从而对导购员产生戒备心理。

当你问“房间是多大的？”时，顾客可能有两种对答：

(1)明确告诉你。这样，你会马上开始开始换算并推荐相应合适的空调，而不是进一步沟通。

(2)不愿意告诉你，而是岔开话题：你这儿都有什么样的空调？

当你问“你要几匹的？”时，顾客可能有一种对答：

你这都有几匹的？

第三步：聆听

(1)一个优秀的导购员，最重要的素质，便是聆听顾客的要求。

(2)顾客讲话时不要打断。

(3)神情自然且重视顾客，如果顾客发现：

导购员没有记住自己的话；

导购员心不在焉；

导购员没精打采；

就会降低对他/她的信任，产生不满。

(4)若有不清楚的地方，最好直接请顾客再讲一遍：

“对不起,我没有听懂您的意思,请再讲一遍好吗?”

请注意

即使不清楚也不愿意再问,这是导购员普遍带有的错误想法。事实上,很少有顾客会怪罪再问一遍的人;相反,没有顾客会原谅忘记或没有听懂他的话的导购员。

第四步:理解

(1)顾客因其产品知识的局限,可能无法准确地讲出他们的需求。在这种情况下,导购员应根据所观察到的线索和顾客的言语,来了解顾客的购买能力、房间条件、功能需求等信息。

(2)顾客所表述的直接要求,不一定是其真正的需求。导购员要根据观察、聆听,来推测并逐步理解其真正意图。

课堂练习

你认为以下顾客的真正需求是什么?

A.“有没有变频空调?”

B.“我想要一拖二空调。”

第五步:核查

(1)核查自己的理解是否符合顾客的需要,也是顶尖导购员必备的销售技巧。

(2)用自己的话表述顾客的需求,然后请顾客判断理解准确与否:

“我理解您的意思是,因为有两个房间,所以需要一拖二空调,对吗?”

第六步:响应

为避免顾客对询问需求产生反感,询问过程中对于顾客的每句话,导购员都要给一个简短的回答。

第二章　热情洋溢　传达品牌信念

当顾客走进某品牌商品展台后，首先看到的是导购员。这时，顾客是通过对导购员的言行举止，在潜意识中判断该品牌商品的形象。此时的导购员，就是企业商品的代言人。为此，需要规范导购员的礼仪、举止，导购员有“四好标准”。

如果从未做过导购，也没有常与人打交道的经历，要成为优秀的导购员，需要首先了解成为优秀导购员的四好标准，并以此标准来要求自己。

在很多柜台，常见到这样的情景：导购员看到顾客进店，如同看见钞票走进来。嘘寒问暖，拉东扯西，非得要让你掏腰包。这种过分热情的服务，实际上干扰了顾客的购买和浏览行为，令顾客十分厌烦。

那么什么样的导购员才算是优秀的导购员呢？优秀导购员要符合“四好标准”，即定位好、态度好、仪表好、迎客好。

一、定位好——换位思考暖人心

一个人所处的位置，决定其思维。

商品导购员，其工作的目的和核心都是相同的，即把商品推销给顾客。但是如何正确地给自己定位，是处理好自己与顾客关系的前提。

有些人在内心深处把顾客当做对手来征服，而非视为互惠的盟友来服务，这样一来，他们的微笑和友善，就常常带有某种欺骗性，但顾客很清楚这种欺骗性。

如果你想成为优秀的导购员，就必须摆脱三种错误的定位，树立一种正确的定位。

1. 三种错误的定位

(1)使自己错位为订货员

某空调公司在一家商场里派了自己的导购员,直接上柜台进行导购。

一个星期过去了,空调一台也没有卖出去,这个导购员跑回公司向经理汇报说:“来这家商场购物的顾客层次不高,恐怕难以承受咱们这种价位的空调。咱们的产品在那里无人问津,还不如换个地方再试试看。”

经理没有马上接受他的建议,而是第二天上午亲自到柜台进行实地考察,结果他惊讶地发现本公司的导购员居然像一块木头般呆立于柜台之内,没有微笑,没有鼓励。

第三天,导购员就接到了辞退通知。他找到经理质问:“为什么要辞退我?”

经理反问他:“你会钓鱼吗?”

“会,把鱼饵挂在鱼钩上,下到水中,鱼漂一下沉,马上起竿。”

经理启发道:“导购如同钓鱼,不放诱饵,如何能吸引顾客购买呢?”

这位导购员恍然大悟,请求再试用一个星期。

这个导购员的失败之处就在于把自己当成了一个订货员,只知守株待兔,不会主动宣传产品。在现在的买方市场上,导购员如果只是消极等待,只管收钱、开票、递货是远远不够的。

每个导购员都应牢记:“我不是订货员!”

(2)使自己错位为推销员

在第二个星期中,这家空调公司的导购员变得异常活跃。他不停地在柜台内外游走,逢人就讲自己空调很好,见人就说一句话:“这种空调是今年最流行的款式,您也来一台吧!来,来,来,我给您开票,保证给您挑台好的。”

他时不时地把顾客拉过来,让他们看一看样机。当顾客犹豫或离去时,他仍然紧跟不舍,喋喋不休:“您不要,过了这村可就没这店啦!”

此法当天见效,售出了一台。但情况日益不妙:路过他柜台的顾客越来越少,人们明显地躲着他。

他又去问经理,经理反问他:“给鱼钩上诱饵时要注意些什么?”

“不露钩。”

“不错。连鱼都懂得躲避露尖的鱼钩,何况人呢!”

导购员一定不能把自己定位为一名推销员,当顾客觉得你正试图向自己推销产品时，就本能地感到你想掏他兜里的钱，从而立刻戒备起来。尤其对销售空调这种大件耐用商品，是绝不能让顾客看出有任何推销意图的，更不能强拉硬拽。

顾客如果失去了自行决定的自由，他的自由选购过程受到了干扰，就会感到失去了自我，自然不愿掏腰包了。

每个导购员都要牢记："柜台不是农贸市场，我不是推销员。"

(3)使自己错位为售货员

有人也许十分奇怪：导购员不就是售货员吗，两者不过是文字的差异罢了！

事实上，售货员是一种传统的概念，其职责是卖货，即把空调卖给顾客，回收相应的货款就完了。

售货员追逐的目标是最大限度地把空调尽快地卖给顾客，其关注的核心是店堂内或柜台前的顾客行为。

这种定位的导购员，与其说他们是卖空调的，倒不如说他们是收钱的。因为在他们的眼中，空调只对顾客有用，而钱才对自己有用。

这样一来，在导购过程中，他们就只关注售货的数量，但销售结果往往会适得其反。

"强扭的瓜不甜"，导购员销售商品时，如果功利性太强，肯定收不到好效果。

每个导购员都要牢记："我不是售货员！"

2. 一种正确的定位

导购员是顾客购买商品的顾问

从20世纪90年代中后期起，导购员这个名词在商业流通领域里流行开来。由售货员发展到导购员，不仅仅是一个名词的更新，更是一场思想的变革，它导致了零售业的一场革命！

要理解导购员与售货员的区别，可以从一个问题开始："如何做诗？"

对这个问题，曾有两种完全不同的回答：

功夫在诗内，即林黛玉式。当丫环问林黛玉"怎样做诗"时，林黛玉的回答是"熟读唐诗三百首，不会做来也会吟"。

功夫在诗外，即陆游式。当儿子问陆游"怎样做诗"时，陆游的回答是"功夫在诗外"。

谁是伟大的诗人？这是不言而喻的。

售货员，就是“功夫在诗内”，站在自己的角度，卖什么吆喝什么。

导购员，就是“功夫在诗外”，站在顾客的角度，买什么推荐什么。

导购员与售货员相比，有显著的不同：

导购员的立足点，从以销售为核心转移到了以顾客为核心。

他们不再把顾客当做上钩的鱼，进行掺杂着诸多“温柔”欺骗的推销，给顾客“温柔的一刀”。

相反，他们换位思考，为顾客着想，顾客喜欢但不适合他的东西不会卖给顾客。他们的目的由获得最大的销售额，进化为给顾客提供最为完善的恰当的服务。

二、态度好——满面春风惹人醉

每个导购员都为销售而绞尽脑汁，他们无时无刻不在考虑如何提高销售业绩，增加销售额。

他们总是被一个问题所困扰：“为什么别的柜台销售得比我好”？

在现代社会中，一个柜台想要垄断销售某种产品，基本上是不可能的。也就是说，在一个商场的空调展区，十至二十个空调柜台，经营空调的品牌不同，但空调性能、款式等基本都是雷同的。但是为什么同样的空调，同样的店面，同样的价格，还是有些柜台生意好，有些柜台生意差呢？其原因主要在于导购员。

导购员的态度的好坏是造成畅销柜台与滞销柜台的主要原因。

畅销柜台里，大多洋溢着活力，顾客走进柜台时，导购员会热情地招呼，衷心地微笑，从而吸引到很多顾客。

态度好的导购员，其言行举止，能使柜台变成一个对顾客具有强大引力的磁场。

导购员并非只是一个销售的工具，导购员本身就具有一股强大的力量，能够将顾客吸引上门。

要想使柜台成为一个吸引顾客的磁场，导购员就必须具有以下三种良好的态度：

1. 要有良好的工作姿态

一般来说，顾客对一个柜台的第一感觉，主要取决于导购员在工作时的姿态如何。

当导购员们忙碌地工作时，便会给店里带来一股蓬勃的生机，使顾客愿意走进这种生机盎然的店中。

同时，当导购员的注意力集中在其他事情上时（即功夫在诗外），顾客容易上门。因为他们觉得自己在这时不会受到强迫推销的压力。

以下这些动作，统称"招徕顾客的动作"，如果导购员有招徕顾客的能力，则柜台对顾客自然有吸引力：

正在接待其他顾客

正忙着填单

正在擦拭展台

正在擦拭样机

正在整理布置空调陈列

以下这些动作，则统称"驱散顾客的动作"，必须杜绝以下这些工作姿态：

无所事事，在柜台中干站着

站在柜台前，神情麻木

站在柜台前，无精打采

聚在柜台前聊天

站在柜台前，愁眉苦脸

2. 要有良好的待客态度

导购员要积极用热情的声音向顾客打招呼：

"欢迎光临"！

"谢谢惠顾！"

"您请慢走！"

这些声音如果布满店内，顾客们就会被吸引住。

3. 要有良好的购物气氛

顾客在店里购买空调时，既不喜欢无人理睬，受到冷落；也不喜欢被人紧盯，受到监视。所以，导购员必须营造出一个既有生机活力，又不让人感到窘迫的购买空调的氛围来。

当顾客走进来时，导购员要若无其事，继续做自己的工作，不必刻意地向进来的顾客打招呼。

有了良好的工作姿态，良好的待客态度，良好的购物气氛，导购员就可以使柜台活起来。反之，导购员的不良态度很容易使顾客望而却步。

从主观上讲，没有一个导购员想把顾客赶走。但事实上，一些导购员的行动，却妨碍了顾客接近空调、观察空调，使购买过程无法顺利地开展。导购员的不良态度一般有两种：

1. 做出"赶走顾客的动作"

在柜台内，如果导购员自觉或不自觉地做出以下四种动作，都可能赶走顾客：

摆出冷漠表情

挡在柜台前通道上

迫切想留住顾客

顾客一走近就凑上去

课堂练习

请大家根据自己的观察或认识，列举出还有哪些赶走顾客的动作？

2. 说出"赶走顾客的言语"

在柜台内，如果导购员自觉或不自觉地说出以下两种话，都将赶走顾客：

顾客刚走近柜台时，就问："您的房间有多大？"

顾客刚走近柜台时，就问"您想买挂机还是柜机？"

这些言语会使顾客因感觉不堪其扰而离开。

课堂练习

请大家根据自己的观察或认识，列举出还有哪些赶走顾客的语言？

三、仪表好——此处无声胜有声

导购员的仪表，包括他(她)的容貌、姿态、举止风度和服饰着装。

导购员的仪表，决定了他给顾客的第一印象如何，而这一印象又决定了顾客的购买行为。

一名优秀的导购员，会保持整洁美观的容貌，穿着新颖大方的服饰，表现出稳重高雅的言谈举止，他的仪表能够感染顾客，使他们产生购买的欲望。

保持良好的仪表要做到以下三个方面：

1. 化妆清新

据调查，当顾客走进一个柜台时，首先注意到的是导购员的发式。因此，导购员要注意自己的发型。

男士要留齐耳短发，既不能扎个小辫，也不能剃个光头！

女士可适当化些淡妆，以形成良好的自我感觉，增强自信心，同时也给顾客留下一个清新、赏心悦目的视感。

女士应该留自然的发型，涂淡雅的眼影，抹清雅的口红。否则，浓妆艳抹、怪异发式，都只会把顾客吓跑！

男士、女士，都不可以用味道刺激的香水。

2. 仪容整洁

具体来说，必须做到"四要"：

要勤梳头，缕缕青丝无头屑；

要勤剪指甲勤洗手，细节更能代表你；

要及时修面，朝气蓬勃感染人；

要保持脸部干净，形象好坏在面部。

3. 穿着素雅

具体来说，必须做到"三不要、三要"：

(1)不要花枝招展，要统一制服

导购员的工作，属于服务性质。故不宜打扮得过于花枝招展，以免引起顾客的反感。

导购员的着装，应以素雅洁净为宜，最好统一着制服，并佩戴工作牌，以利于顾客监督。

(2)不要性感着装，要庄重大方

导购员在营业时间内，不能穿花里胡哨的衣服，或奇装异服。女士不能穿袒胸服、透明服、超短裙等。

(3)不要发屑遍肩，要保持卫生

衣领、袖口要干净。特别是肩部，绝对不能有头发或发屑。

四、迎客好——宾至如归都是客

1. 为什么要主动相迎

主动相迎，是指当顾客光临时，导购员应主动地向顾客表示乐于为他服务的意愿。导购员必须主动相迎，因为主动相迎可以：

(1)迅速建立与顾客的关系

主动表示服务意愿，可以尽快地与顾客建立和谐的关系，为下一步的销售作铺垫，体现便捷的原则。

(2)打消顾客的顾虑

只有当顾客确信导购员乐于为其提供服务时，才愿意表达自己的需求。故主动相迎便于建立信任。

(3)顾客期待导购员主动相迎

尽管有些顾客担心被打扰，但所有的顾客都期待导购员会主动与自己打招呼。导购员应放弃以往认为怕打扰顾客而不主动打招呼的旧观念。

(4)冷淡将使70%的顾客敬而远之

调查显示，近70%的顾客不从一个商店那里购买产品，是因为导购员的态度冷淡。若导购员不主动相迎，可能很多顾客根本无欲望过来看看。

(5)积极的第一印象永远是有益的

长期主动相迎的结果，会使顾客对专柜、专卖店刮目相看，成为优质服务的象征。

2. 如何主动相迎

(1)主动相迎的种类

根据顾客类型的不同，应用热情的眼神关注顾客，采取五种不同的迎客方式：

第一种：问候式

在顾客到来时，应主动打招呼。例如：

您好！

请进！

欢迎光临！

新年好!

早晨好!

第二种:放任式

当发现顾客不希望被打扰时,可以请顾客自由浏览,并同时表明乐于为其服务。例如:

不好意思打搅了,您先看看,如果需要帮助的话,请随时找我。

第三种:插入式

若顾客刚来时,导购员没能有机会立即打招呼,则可在随后顾客浏览时,根据具体情形,插入表示服务意愿。例如:

您好,我是小王,需要帮忙吗?

您好,这是澳柯玛新款空调,需要讲一下它的三个好处吗?

第四种:应答式

有些顾客会在导购员没来得及开口前就询问,这时导购员应彬彬有礼地予以回答。例如:

顾客:有健康空调吗?

导购员:有的,这边请。健康空调共有3个型号(分别介绍)。

第五种:迂回式

可以先表示对顾客的某些方面感兴趣,从而建立良好的关系,消除顾客的紧张感。例如:

小姐,您的发型和脸型很相配,看得出您很有鉴赏力!

这孩子长得真帅!几岁了?

(2)主动相迎的原则

力求准确、礼貌、热情、自信、适度,并且始终如一。

第一,口头语言

讲话时应该:

表达准确

用词得当

音调亲切

语速适中

主动相迎时应避免讲:

喂！进来(这边)看！

什么事(有事吗)？

你要买点什么？

您说什么(再说一遍)？

我正忙,你自己先看看。

第二,形体语言

主动相迎时,形体语言和口头语言一样重要

永远微笑——永远把顾客想象成你的好朋友,他正在给你送来鲜花

站立姿势——标准但不呆板,放松但不随意

目光关注——目光柔和、亲切

保持距离——一臂的距离

第三,主动相迎时,不应该:

不主动打招呼,等待顾客发问

态度冷淡,显得漠不关心

诧异的表情

遇到自己没有听清或没有准备的情形时,显现出惊讶、不耐烦或责怪的表情,这是缺乏职业素养的表现。例如:

皱眉头并反问顾客:“什么？再说一遍！”

(当接到一个错打来的电话时)狠狠地对电话讲:“打错了！”然后立即挂机。

亲此疏彼

对同事的态度更加亲密

对熟人更加热情

以貌取人

精力分散

同时接待两个以上的顾客

接待顾客的同时,与其他同事交谈

边接电话,边接待面对面的顾客

与一个顾客打招呼后,又去处理别的事情

3. 角色演练:主动相迎(15 分钟)

首先,选出学员分别扮演导购员和顾客,并请他们到台前。

然后,讲师将场景分布做一个介绍。

接下来进入角色演练。

(1)顾客和导购员按材料中的假定情景进行演练。

(2)观察员按照所学的内容,来考察导购员是否以恰当的方式来做主动相迎。

4. 课堂陈述

(1)由每组顾客及导购员分别谈演练的感受。

(2)讲师指导学员一起讨论导购员在演练过程中的表现。

5. 顾客背景

(1)你走进店铺,导购员主动与你打招呼,你礼貌地应答后,围绕柜台随意看看,然后离去。

(2)你们两人结伴走进店铺,边走边说。导购员主动与你打招呼,你们礼貌地应答后,走向空调柜台。

(3)你走进店铺,导购员在离你很近的地方与你打招呼,你无任何反映(包括面部表情及语言)。

(4)你走进店铺,径直走向空调柜台,导购员主动与你打招呼,你礼貌地应答后,接着问导购员:“这几种空调有何不同吗?”导购员正在回答时,另一个客人进入店铺,向你们谈话的方向走来。

(5)导购员还未开口,你就已先询问:“小姐,哪台是健康空调?”

(6)请学员将实际工作中遇到的特殊情景举一至两个实例。

6. 演练要求

作为一名真正的顾客来对待演练,而不是只当做练习。

第三章　建立共鸣　取得顾客信任

当顾客与导购员进行眼神和语言接触后,顾客会下意识地做出判断:这个导购员是否值得信赖?因此,导购员在推荐商品之前,必须首先推荐自己。如果顾客不信任你,将对你的空调也不屑一顾。

许多推荐之所以成功,关键是顾客信任导购员。在这种情况下,导购员基本上用不着展开推销工作。导购员提什么建议,顾客都会接受。

那么,如何才能快速取得不相识的顾客的信任呢?大量调查发现,尽快与顾客建立共鸣关系,是最有效的办法。

一、共鸣取信

记住!顾客是从他们喜欢和尊敬的人那儿买东西的。因此,快速取得顾客的信任,有两个基本原则:

让顾客喜欢你

未必每个顾客都很希望成为你的朋友,但他的确希望:

你能让他感觉很舒服;

他觉得跟你有交情;

你能够倾听他的需求,并作出相应的反应。

让顾客尊敬你

如果你的空调知识丰富,在导购时准备充分,非常专业,顾客会尊敬你。

如果你花时间了解他们的需求,并表现出一种要帮助他们实现目标的责任感时,他们会更尊敬你。

因此,导购员与顾客之间的沟通关系,可以细分为三个阶段(见下表)。通过大量的柜台空调导购情景观察发现,85%的导购员在与顾客沟通时,仅仅停留在第一个阶段,即买卖关系。10%左右的导购员,进展到第二阶段,即共鸣关系。只有5%的导购员,能够达到最高阶段,即朋友关系。

共鸣取信,就是在推荐过程中,通过利益、兴趣的沟通,引起顾客的共鸣,从而取得顾客的信任并实现购买。

阶段顺序	阶段名称	阶段特点	对成交的影响
第一阶段	买卖关系	顾客与导购员开始接触时,双方没有共鸣点,只是买卖关系。由于存在"从南京到北京,买的不如卖的精"的意识,顾客对导购员并不信任,只是进行简单的询问并收集材料。	除非顾客认定品牌,否则很难成交
第二阶段	共鸣关系	如果导购员通过观察沟通,找到了与顾客的共同点,则可以建立共鸣关系。因此,导购员不是要改变顾客,而是认同顾客。	容易成交
第三阶段	朋友关系	通过对共鸣点的沟通,顾客与导购员之间可以建立起信任关系,即朋友关系。	肯定成交

二、利益共鸣

顾客最关心的是自己的利益。因此,可以通过提供明确的利益或好处,取得顾客的信任,即利益共鸣。

在向顾客介绍空调时,通过分析顾客的购买心理,需要按照一定的程序进行推荐。这个程序就是FABE法。使用FABE句式是推介商品的最佳方法。

如果我现在告诉你,我将提供一份工作给你,那你首先会想到的是:"你将付给我多少钱?"或者"我能从中得到什么?"

这是我们每一个人都会有的很自然的反应。那么请你记住:我们的顾客也不例外。

顾客在购买商品时,往往只有一个笼统的意识:我要买台好商品。但是,究竟什么是好商品,即对商品的特性和功能,处于比较困惑的状态。

面对空调的种种特点和功能,也不知道"它对我会有什么好处?"或"它能给我带来什么好处"。

有时，顾客的需要并不仅限于一个重点，会出现两种或多种并存的情况。如一位顾客同时注重商品的功能、特点和保养方法。

那么如何去解决顾客的困惑呢？如何按一定的逻辑顺序组织语言，使多个重点的介绍既不啰嗦，又精确有效呢？

FABE 句式就是最精确有效的方法。

FABE 是在大量分析、测试顾客购物心理活动基础上，建立起来的推介程序。

FABE 的核心，是将所推介商品的特点和功能，转化为即将带给顾客的某种利益，充分展示了商品最能满足和吸引顾客的那一方面，故将其称为利益导购法。

1. 特点、功能、好处、证据——FABE 原则

针对不同顾客的购买动机，把最符合顾客要求的商品利益向顾客进行推介是最关键的。为此，最精确有效的办法，是利用特点（F）、功能（A）、好处（B）和证据（E）进行介绍。其标准句式是：

“因为（特点）……从而有（功能）……对您而言（好处）……你看（证据）……”

2. FABE 定义

（1）特点（Feature）：“因为……”

是描述空调的款式、技术参数、配置；

是有形的，这意味着它可以被看到、尝到、摸到和闻到；

回答了“它是什么？”

（2）功能（Advantage）：“从而有……”

解释了特点如何能被利用；

是无形的，这意味着它不能被看到、尝到、摸到和闻到；

回答了“它能做到什么？”

（3）好处（Benefit）：“对您而言……”

是将功能翻译成一个或几个的购买动机，即告诉顾客将如何满足他们的需求；

是无形的，包括自豪感、自尊感、显示欲等；

回答了“它能为顾客带来什么好处？”

（4）证据（Evidence）：“你看……”

是向顾客证实你所讲的好处；

是有形的，可见、可信，老用户名单，顾客熟悉的小区、单位的老用户，当地

著名建筑物,当地知名小区,当地知名机关或企业,安装单副本等,都可以成为导购员现场向顾客展示的最直观有效的证据。

·证据,回答了"怎么证明你讲的好处?"

事实上,特点、功能、好处、证据是一种贯穿的因果关系。当导购对它们之间的关系了解得非常清晰,运用得非常熟练后,就会有充分的理由让顾客购买所需商品。

请记住:

特点——→它是什么?

功能——→它能做什么?

好处——→它能为顾客带来什么好处?

证据——→如何证明好处?

特点、功能、好处、证据的分配方式

空调款式	特点 (它是什么?)	功能 (它有什么用?)	好处 (它对顾客有什么好处?)	证据 (有什么证据?)
大力神 KFRD-70W/A(F)	采用了国际著名柔性压缩机	整机性能和使用寿命提高50%以上	三个好处是: 1. 感觉不到噪声,更舒适。 2. 使用寿命从8年提高到12年,更省钱。 3. 提高制冷效果,更省电。	有两个证据: 1. 国家测定26分贝。 2. 有1万多名用户在使用。
	采用了三重过滤技术	空气净化效果提高60%	三个好处是: 1. 装修产生的有害气体及时排除。 2. 室外大气污染不影响室内。 3. 吸烟产生的烟雾随时清理。	有三个证据: 1. 国家实验室通过测定。 2. 有120多家大医院使用。 3. XX酒店包间也使用。
	采用了夜光技术	夜间显示清楚	好处是:夜间使用方便	证据是:环保荧光独有的特点。

课堂练习

每位导购员,按照上述表格格式:

分别写出自己熟悉的两款空调的 FABE。

给出一款空调的宣传单页,写出该款空调的 FABE。

时刻记住:自己所销售的并不是空调,而是能给顾客带来的好处。

3. FABE 举例

只有充分地掌握空调知识,才能将导购的工作做好。

在彻底理解并熟悉 FABE 技术的基础上,再将这些单独的句子连在一起,你就会发现用 FABE 描述空调是那么容易。例如:

说到特点时,可用:"这是……"、"这种……有……"来开始。

谈到功能时,可用"它……"、"可以"、"这使得……"等短语开头。

说到好处时,可用"所以……"和"您"这个词。

说到证据时,可用"国家证书……"、"已经有……用户在使用"、"咱们市的……大楼用的空调就是这款"(引用相同或相近小区或单位的老用户、著名建筑物、著名单位等)。

4. 案例

一位顾客想购买一台空调,主要是为了改善居住生活条件:"天气太热,房子又小,闷得人都透不过气来。而且我家又没有暖气,所以想买一台既省电、质量又好、价格又不算贵的冷暖两用空调。"非常明显,这位顾客追求的是结实耐用和经济实用。

导购员可以这样介绍:

如果您想选购一台冷暖两用型的,我建议您不妨买这种金海豚 1P 标准空调:

(第一段)因为制冷速度快(F),从而在 3 ~ 5 分钟内即能实现制冷效果(A),使你回家能马上享受到凉爽(B)。我家房子和你的一样,用的就是这款空调(E)。

(第二段)因为你白天上班不在家,不用长时间开空调(F),从而不需要变频空调(A),可以省下 1000 多块钱(B);只有连续工作 8 小时以上时,变频空调才能体现出省电优势(E)。

（第三段）因为这款空调采用日本压缩机(F)，从而质量可靠(A)，确保随时享受到凉爽(B)。我们公司这款样机已经连续工作120天了(E)。

（第四段）因为改进了制冷技术(F)，从而电能转化效率提高了40%(A)，比原来省电达30%以上(B)，这是经过上海交通大学实验室测定的(E)。

（第五段）因为减少了一些美化性功能(F)，从而这台空调的价位很合适(A)，对咱们非常划算(B)，今天已经卖出了20多台呢(E)。

这五段台词，可以根据顾客的需要，组合使用，不需要从头背到尾。

三、自豪共鸣

来购买空调的每个顾客，都是在购买一种生活质量，希望通过购买和使用商品，提升自己的生活水平。因此，无论什么类型的顾客，来选购商品时，都怀有一种自豪的得意心态。导购员应该挖掘顾客的自尊心理，使其自豪感得到满足。

例一：

一位青年男性顾客，站在澳柯玛柜机空调柜台前，关注了一会儿。

导购：您好，先生，这两款是澳柯玛大力神系列，是今年的最新款式。分别是2P、2.5P的。2P的适合30—35平方米，2.5P的适合45—50平方米。你看哪个更适合您？

顾客：这个2P的比较适合。

导购：是客厅吗？

顾客：是。

导购：先生，真羡慕您有这么大的客厅。

顾客：谢谢。

导购：好马配好鞍，大房子当然用大空调了。这款(KFRd－50LW/C)有3个好处，您希望了解一下吗？

顾客：当然了。

导购：第一个好处是健康好，因为采用三重空气净化技术，从而净化效果提高40%以上。

第二个好处是制冷快，因为采用电脑智能控制，从而启动3—5分钟见效果，进家马上就很凉爽舒服。

第三个好处是感觉不到噪音，因为采用了风口流线技术，从而出风摩擦减少60%以上。您看，还需要了解哪些？

顾客：谢谢，什么时间能够安装？我希望快些。

导购：现在办好手续，明天上午就可以。

顾客：行。

以下五个方面，比较容易使顾客表现自己的自豪感：

给顾客讲述得意之事的机会；

倾听顾客的辛苦谈；

倾听顾客的成功谈；

称赞顾客的发式、服装、皮肤等；

称赞顾客的孩子；

例二：

柜台前空无一人。看见有人过来看空调，导购员跑过来。

导购：您好。

顾客(男)：介绍一下空调好吗？

导购：您需要多大房间使用？是卧室还是客厅？

顾客(男)：(对女说)咱爸那屋得有十几个平方吧？

顾客(女)：差不多吧！

导购：如果十几个平方，您使用1匹的就可以。今年我们公司推出"节能先锋"系列，很省电，率先获得国家节能认证。而且我们的辅助电加热功能，可在-18℃超低温启动，这是其他空调所没有的。

顾客(男)：制热速度怎样？

导购：挺快的，这个制冷制热速度你可以绝对放心。

顾客(男)：声音大不大？这也没法试一试。

导购：采用的是超级静音技术，绝对安静的。这个安装之后可以试一试。

顾客(男)：耗电吗？

导购：不费电，刚才不是给您介绍了？这是节能先锋，科龙新推点，比其他空调省电。

顾客(男):行,把材料给一份看看。(对女说)到那边看看,谢谢。

导购:没关系。

在本例中,顾客已经表达出了明确的购买意向。从自豪共鸣取信的角度看,当顾客自己说出:“咱爸那屋得有十几个平方吧?”时,导购员完全应该接过话:“给家里老人买的?”得到肯定回答后,导购员应该说:“您家老人真幸福。”

四、兴趣共鸣

导购员在对顾客进行观察或与顾客进行沟通的过程中,必须时刻寻找能引起顾客兴趣的信息。利用顾客的兴趣,获得顾客的信任。

用心阅读案例1,体会如何进行兴趣共鸣?

案例1

耶鲁大学的教授威廉·菲尔普斯,在其孩提时,常去姨妈家玩。有一次,姨妈家来了位中年男客,当他和姨妈谈完正事后,转过身跟菲尔普斯聊了起来。

那时,菲尔普斯正在摆弄一只小艇模型,对方似乎对小艇的兴趣也不浅,一直以它为话题,两人很快成了朋友。

客人走了以后,菲尔普斯兴奋地对姨妈说:“这个人真有趣,我从来没有见过那么喜爱小艇的人。”

姨妈却告诉他:“那是一位纽约的名律师,他对小艇一窍不通,也无丝毫兴趣。”

“那他为什么跟我谈得这么来劲?”

“因为他是有礼貌的人,看到你热衷于小艇模型,所以就跟你谈你感兴趣的事呀!”

姨妈一说,菲尔普斯方恍然大悟。后来他回忆童年时代这件往事时,曾说:“那位律师给我的印象太深了,至今依然镌刻在我的记忆之中。”

我们可以从这个故事中懂得一个道理:善于抓住人心的人,总是设法站在对方的立场上,针对对方最关心的事,表示出自己的兴趣。

作为一名导购员,是否更应该做到这一点呢?

案例2

一对年轻夫妇,站在澳柯玛空调柜台前。

顾客(男)对顾客(女)用青岛话讲:你看,这是青岛产的。哎,澳柯玛不是产冰柜吗?什么时候有空调了?

顾客(女):也是啊。

导购:欢迎光临。先生,您好像是青岛人?

顾客(男):你怎么知道?

导购:听您的口音。

顾客(男):听口音你不是青岛人啊?

导购:你说得真对,我是本地人。青岛真是好地方。

顾客(男):你去过青岛?

导购:没有,我们办事处经理是青岛人。青岛真是名牌之乡。

顾客(男):确实是这样。

导购:你看,这是澳柯玛今年新推出的款式。小姐,我给介绍一下?

顾客(女):可以啊。

在实践中,应该特别注意识别以下10个方面的信息。这10个方面的信息,都是比较容易引起顾客兴趣的话题。这也要求导购员平时应多留意和积累这10个方面的知识或信息。

正在或即将进行的体育赛事

各种健体或健美运动

各种流行风尚,如发型、服饰,女士皮包、鞋、围巾等

顾客携带的刚购买的食物

顾客携带的书刊

顾客家乡或去过的风景美丽的地方

老乡、校友

居住在相同或相近的小区

晚报上刊登的热门消息

向对方打听人人关心的事

第四章　当机立断　坚定购买信心

随着与导购员的沟通，顾客表现出明显的购买意图。但是，往往还会表现出犹豫不决的神情。此时，导购员如何帮助顾客下定最后的决心，就成为临门一脚。核心是如何巧妙地处理顾客提出的各种异议。

根据统计，只有 7.5% 的顾客，是真正有决定能力的。这意味着 92.5% 的顾客，在作出购买决定时，或多或少都需要帮助。

切记！顾客在作出购买决定时，既需要得到帮助，又憎恨导购员任何明显的倾向性动员。

事实上，我们自己作为顾客时也是这样。请回忆你自己最近的一个购买活动。当你想要做购买决定时，下面这五个问题，是否在心里也反复想过？

我真能负担得起这么多吗？

要不要买另一种便宜些的款式？

我很需要某某功能吗？

我的朋友或家人会怎么想？

我真的想要一个吗？

一、错误的观念和做法

对柜台导购行为的调研表明，许多导购员存在以下四个错误的观念：

只要能很好地介绍信息及产品，处理疑问异议，想买的顾客就自然购买；

主动建议购买，会使顾客产生疑心，反而使他们离去；

主动建议后，若被顾客拒绝则很难堪；

向顾客介绍完信息及产品，解答完疑问后，如果顾客没有反应，便不知所措，或是等待，这样错过了很多机会。

二、导购员一定要主动建议顾客购买

原因有两个：

（一）希望导购员主动建议，是顾客的普遍心理。

导购员之所以等待顾客开口，一个重要的原因是不好意思。请记住，顾客也是同样的心理，而且顾客觉得既然你需要赚钱，当然你应该先主动一些了。

（二）顾客自己往往不能下决心购买。

尽管导购员出色地介绍了信息并解答了疑问，但顾客可能还是无法完全信任导购员或自信已了解了全部，故往往犹豫不决。

此时导购员若主动建议，可以增强顾客对你的信任，进一步加强自己的顾问形象。

三、现场购买的八个阶段

进入20世纪90年代中后期，我国家电企业开始特别重视在大商场设立销售专柜，或者开设专卖店，并在柜台设立专职导购员。

实际上，导购员接待顾客，是一门与人打交道的学问，必须具有换位思考的习惯。

外行看热闹，内行看门道。要成为顶尖导购员，必须通过现场沟通，了解和理解顾客在购买过程中心理发生的细致变化。

一位顾客正在装修房子，准备购买两台分体式空调。他来到一家空调专卖店。人刚进去，店里的导购员就跟了过来，像保镖一般在他周围“护驾”。只要顾客的眼光稍作停留，导购员就马上说：

“你觉得这款空调怎么样？”

“这款空调是今年最新款式。”

问得这位顾客心烦意乱，身上比挨了蚊子叮还难受，他只回了一句：“我还没有想好呢？改日再来看看吧。”说完就逃也似的奔出这家店。身后还隐约传来导购员的抱怨：“这人怎么回事呀？看了这么久还不买！当这是自由市场啊!”

在上面这个例子中,顾客本来是有强烈的购买意愿的,但是由于导购员不了解顾客现场购买的心理变化,结果使得顾客有如芒针刺背,不得不速速离开,到其他柜台购买。

心理学家根据大量购买心理测试,发现顾客在一个完整的购买过程之中,其心理活动一般要经历如下八个阶段:

1. 巡视阶段

顾客进入商场的空调展区或专卖店后,极少有直奔某个柜台,掩钱开单走人的。而总是将所有品牌的空调巡视一遍,以求货比三家。

在巡视过程中,关键是顾客对哪个品牌在头脑中留下的印象深刻。并根据所留下的印象,决定是否进一步重复考察。

2. 兴趣阶段

顾客在巡视所有品牌空调的过程中,逐步缩小需进一步了解的范围。并最终将目标锁定在一两个品牌上,即产生兴趣。

顾客对自己选定的一两个品牌,将在其柜台前,进行较长时间的观察。

在这个关注过程中,空调的式样、说明,会进一步激发他对这一空调的兴趣,这时他会进一步想了解空调的特点、功能、好处、证据。

3. 联想阶段

一旦顾客认定某一种空调,他就不但想仔细观察它,而且会联想自己安装空调后享受舒适生活时的情形。

联想阶段在购买过程中起着举足轻重的作用,它直接关系到顾客是否要决定购买这种空调。在顾客选购时,导购员一定要适度提高他的联想力。优秀的导购员,都懂得要在这个时候,让顾客的注意力转移到充分认可空调的效果上来,以丰富他的联想,促使他下定决心。

4. 欲望阶段

如果顾客对使用这种商品后的效果有一个美妙的联想,他一定会产生购买这一商品的欲望。与此同时,他又会产生疑问:“有没有比这更好的商品呢?”

5. 比较阶段

购买欲产生之后,顾客就打起了心中的小算盘,多方比较权衡。这时有关空调及其同类产品的各项指标价格、式样、服务等等都会进入他的脑海。

顾客这时就表现出犹豫不决，此时也是导购员为顾客进行咨询的最佳时机。

6. 信心阶段

在经过一番权衡之后，顾客就会认定“这种商品应该还可以”，这时它对这种商品就建立了信心。这一信心可能来源于三个方面：

相信导购员的诚意；

相信空调生产商及品牌；

相信那么多老用户。

优秀的导购员，应从这三个方面进行强化提示，全方位地帮助顾客建立对这种商品的信心。

7. 行动阶段

决心下定之后，顾客一般会敲定这种商品，并当场付清货款。这时导购员应当迅速填写付款单，并引导或指明收款处。同时，开好安装单并及时通知安装，不要耽误了顾客的时间。

8. 满足阶段

在完成购买商品过程之后，顾客一般都会有一种欣喜的感觉。这一感觉来源于两个方面：

其一，是在购买商品中产生的满足感，包括享受到导购员优质服务的喜悦。

其二，是商品使用后产生的满足感。

商品使用后，顾客感到喜悦和满足，同时，导购员若能及时回访，那他一定会与导购员建立起朋友关系，并给导购员带来新顾客。

了解了顾客购买商品时心理活动的八个阶段之后，我们就知道如何规划接待一名顾客的具体步骤了。

四、导购的十个步骤

根据顾客购买空调时的心理变化，导购员必须辅之以适当的服务步骤，这些基本步骤一般表现为以下十个阶段：

1. 等待时机

顾客还没有上门之前，导购员应当耐心地等待时机。在等待阶段里，导购员必须：

随时做好迎接顾客的准备，不能松松垮垮，无精打采。

保持良好的精神面貌，要坚守在自己的固定位置，不能擅离岗位四处游走，不能交头接耳，聊天闲扯。

2. 初步接触

顾客进店之后，导购员可以一边和顾客寒暄，一边和顾客接近，该行为称为“初步接触”。

但初步接触的难点，在于选择恰当时机，不能让顾客觉得过于唐突。从顾客购买的心理阶段来看：

在兴趣阶段与联想阶段之间时，顾客最容易接纳导购员的初步接触行为；

在巡视阶段接触会使顾客产生戒备心理；

在欲望阶段接触又会使顾客感觉受到了冷落。

以下五个时刻，是导购员与顾客进行初步接触的最佳时机：

当顾客长时间凝视某一空调，若有所思之时；

当顾客抬起头来的时候；

当顾客突然停下脚步时；

当顾客的眼睛在搜寻之时；

当顾客与导购员的眼光相碰时。

把握好这五个时机后，导购员可以用三种方式实现与顾客的初步接触：

采用问候式，与顾客打个招呼；

直接向顾客介绍他中意的空调；

询问顾客的购买意愿。

3. 空调提示

所谓“空调提示”，就是想办法让顾客了解空调的详细说明。

空调提示，要用在顾客购买的联想阶段与欲望阶段之间。

空调提示，既要让顾客把空调看清楚，又要让他产生相关的联想。

在进行空调提示时，可以组合使用 FABE：

让顾客了解空调的特点；

让顾客了解空调的功能；

让顾客了解空调的好处；

让顾客了解好处的证据；

着重在两款空调中，让顾客选择比较；

先推荐中价位，根据顾客需要，介绍低价位或高价位。

4. 揣摩需要

在前面，我们介绍了八种带着不同进店动机而来的顾客。这些顾客有着不同的购买动机，其需求是不同的。所以导购员要善于揣摩顾客的需要，明确顾客究竟要买什么样的空调，这样才能向顾客推荐最合适的空调，帮助顾客作出最明智的选择。

通过以下四种方法，可以准确地揣摩顾客的需要：

通过观察顾客的动作和表情，来琢磨顾客的需要；

通过向顾客推荐一两款空调，探察顾客的反应，琢磨顾客的愿望；

通过自然的提问，来询问顾客的想法；

善意地倾听顾客的意见。

“揣摩需要”与“空调提示”要结合起来，两个步骤交替进行，不应把它们割裂开来。

5. 对比好处

顾客在产生了购买欲望之后，并不能立即决定购买，还必须进行比较、权衡，直到对这种空调充分信赖之后，才会购买。

在这个过程之中，导购员就必须做好空调的专业说明工作。

空调说明，即导购员向顾客介绍空调的特点、功能、好处。这就要求导购员对于自己导购的空调有专业的了解。

同时还要注意的是，空调说明并不是在给顾客开空调知识讲座。空调说明必须有针对性，要针对顾客的疑虑进行澄清说明，针对顾客的兴趣点进行强化说明。在不失专业水准的前提下，用语应尽量通俗易懂。

6. 劝说决定

顾客在听了导购员的相关讲解之后，就开始作决策了。这时，导购员要把握机会，及时游说促成购买，这一步骤称为“劝说”。

在劝说时，应注意以下五个要点：

实事求是地劝说；

投其所好地劝说；

辅以演示动作地劝说；

用空调本身质量进行劝说；

帮助顾客比较、选择地劝说。

7. 核心需求

顾客对空调的需求，往往会有多个方面，但其中必有一个需求是主要的：

有的最看重价格；

有的最看重品牌；

有的最看重服务；

有的最看重款式；

有的最看重压缩机质量。

能否满足主要需求，是促使顾客现场购买的最重要因素。

我们把这些最能导致顾客购买的空调特性称之为核心需求。

导购员识别并把握住了不同顾客的核心需求，并有的放矢地向顾客推荐空调时，交易是最易于完成的。

在识别顾客对空调的核心需求并进行推荐时，可以从以下几个方面入手：

察言观色，判断年龄、性格、进店动机、购买能力等；

说明核心需求时，要言词简短，用肯定的语气；

能形象、具体地说明空调的特点；

针对顾客提出的问题，进行中肯的说明；

按顾客的询问，进行明确的说明。

8. 促进成交

顾客在对空调和导购员产生了信赖之后，就会决定采取购买行动。

但有的顾客还会存有一丝疑虑，又不好明着向导购员说，这就需要导购员做进一步的说明和服务，这一步骤称为“促进成交”。

当出现以下八种情况时，促进成交的时机就出现了：

顾客突然不再发问时；

顾客的话题集中在某款空调上时；

顾客不讲话而若有所思时；

顾客不断点头时；

顾客开始注意价钱时；

顾客开始询问安装时间时；

顾客关心售后服务问题时；

顾客反复地问同一个问题时。

在这些成交时机出现时，为了促进及早成交，应采用以下四种方法：

不要再给顾客看新的空调了；

缩小空调选择的范围，限定在两款；

帮助顾客确定所要的空调；

对顾客想买的空调，做一些简要的要点说明，促使其下定决心。

在这一过程中，千万不能用粗暴的、生硬的、欺骗的语言，明确地催促顾客：

"怎么样，您到底买不买？"，

"您还犹豫什么！"

"要不，您再考虑考虑？"

"买吧，现在搞活动，过了这个村就没有这个店了。"

等你话音刚落之后，顾客倒是下定决心走了！

9. 办理手续

顾客决定购买后，导购员就要办理相关的购机手续。

此时，导购员需要做到以下五条：

复述空调价格，以便顾客准备；

引导或指明收款台；

交款后，询问顾客安装时间；

根据安装时间，填写安装单；

向顾客复述安装时间。

10. 热情送客

购机手续办好后，导购员应做到：

将有关单据双手递给客人；

怀着感激的心情向顾客道谢；

检查台面，看顾客是否落下了什么物品（包、手机等）；如果有，要及时提醒；

给顾客引导或指明外出的路线。

五、如何建议购买

在具体建议顾客购买时,需要掌握并熟练运用以下几个要点:

1. 要先询问顾客还有无其他要求。

"请问,是否就定下这款?"

2. 当感到顾客基本满意时,应积极主动地建议购买,并简述购机的好处。

"我看您就买这款吧! 因为它能有效地净化空气,对大人孩子都有好处。"

3. 要主动,但不要催促。

只建议一次,若顾客无反应,则应了解原因。

调查表明,当导购员建议购买的次数过多时,反而达不到效果。因为顾客在听到第一次建议后没有反应,则必有原因。此时,导购员不应一味催促,而要进一步了解顾客仍有哪些顾虑或新的想法。

"您看还有什么问题吗?"

"您还需要了解哪方面的信息?"

"您是不是觉得条件还不够优惠?"

4. 若确认顾客无意购买,不要失望,要感谢其光临。

并非只要服务周到,顾客就一定购买。当顾客无意购买时,应做到:

(1)不要纠缠顾客

当顾客表示无意购买时,千万不要表现出失望、焦急甚至纠缠顾客。

例如:"您能告诉我为什么还不能决定吗?""这台空调多好啊,买了吧,我给您便宜点!"

也不要以任何方式催促或逼迫顾客,例如:"如果您现在不买就没有了,我们这种空调数量有限。""我们的优惠只到明天为止,不买就没有这个价格了。""您最好在这里买,外面买的没准是假的!"。

(2)保持积极的态度,感谢其惠顾

千万不要感到失望,应继续保持主动相迎时的态度,感谢顾客光临。

(3)表达对顾客的谢意

顾客能向导购员表达他们的需求,并花时间听导购员讲解,是导购员的荣幸。因此,导购员应该对此表示感谢。

当顾客对于导购员的服务表示感谢,或对于自己未能购买表示歉意时,导购员应该反过来感谢顾客。

千万不要只讲:“没关系!”要讲“真高兴认识您!”

感谢顾客,会使其感到你的专柜或专卖店与众不同。表明了我们把服务的优势,体现在细节上。

(4)以个人的名义,欢迎顾客再次光顾

明确表示期待顾客能再次光顾本店并购买,同时以个人的名义表示乐于服务的意愿。

“那好,谢谢您的惠顾,希望我有机会再次为您服务。”

“谢谢您让我了解了您的情况,如果下次您再来,我一定帮您选择一个理想的商品。请您走好!”

“不好意思耽误您这么多时间,应该谢谢您才是。请慢走,如需任何帮助,欢迎您再来找我。”

六、如何处理好异议

1. 顾客产生异议的原因

当导购员向顾客介绍信息时或介绍完之后,顾客往往会提出一些疑问、质询或异议。这主要有六种可能:

(1)顾客对导购员不信任

顾客与导购员初次交往,还难以完全信任导购员或相信导购员的介绍。有时顾客可能会故意难为导购员以防受骗。

例如:顾客不相信导购员所介绍的商品是最好的或最合适的。

(2)顾客对自己不自信

顾客担心自己的产品知识太少,或一时无法完全接受导购员的介绍。因此,需要进一步询问来证实。

例如:顾客听了介绍,仍然不了解如何使用“睡眠模式”这一功能。

(3)顾客的期望没有得到满足

顾客抱有不同的期望来到你的柜台,若其期望值得不到满足,则会产生不满,并希望通过提出疑问和异议来达到目的。

例如，顾客期望购买澳柯玛大力神柜机空调，但觉得太贵，故提出你的价格太高，以期得到更优惠价格。

(4)顾客不够满意

导购员在主动相迎、了解需求或介绍信息的过程中，使顾客感到不满，或顾客在以前就带有不满。

例如：导购员边介绍边与同事开玩笑，使顾客感到不愉快。等导购员介绍完毕，该顾客便讲："谁知道你说的是不是真的！"

(5)导购员没有提供足够的信息

对顾客所关心的问题，导购员没有提供满意的答复或足够的信息，故顾客要产生进一步的问题或异议。例如：

"您说澳柯玛空调肯定是没问题，为什么？"

"亲水铝箔究竟是怎么回事？"

"究竟什么是光触媒？"

(6)顾客有诚意购买

调查显示，提出疑问和异议的人，往往是有诚意购买者。如果导购员能有效地解答疑问、处理异议，就更有可能争取到该顾客。

2. 如何解答疑问和处理异议

如上所述，顾客在听罢信息介绍，往往不会立即决定购买，而是要亲自提出一些疑问或不同意见，来确认一些他们所关心的问题或消除疑虑。因此，正确解答疑问和处理异议，就成为成功销售的关键。

实际上，顾客提出异议，是与导购员进行的一种沟通方式。为此，要采取以下四个策略：

(1)要持有积极态度

顾客提出疑问或异议，不仅是正常现象，而且往往是有诚意的表现。导购员此时不必失望，更不应该消极，而应自始至终都以积极的态度对待：

热情自信：对自己和所推荐的产品充满信心，记住，你是顾客的顾问！

保持礼貌、面带微笑；

态度认真、关注；

表情平静、训练有素。

(2)要先弄清反对或怀疑的原因

顾客提出一个疑问或异议的背后，可能有多种原因，如果在了解其原因之前就予以解答，很可能答非所问，既没有给顾客以便捷，也容易失去顾客的信任。

听清顾客的疑问或异议，必要时核实一下自己的理解是否正确。

例如："您想了解怎样使用睡眠模式，对吗？"

礼貌地向顾客询问其疑问或异议的原因。

例如："您为什么会这样认为呢？"

认真理解顾客所说的或暗示的原因。

(3)要根据顾客产生疑问或异议的原因予以解答

对于因误解或怀疑造成的疑问或异议，要予以解释、澄清、提供证据。

例如：如果顾客讲产品质量不如其他品牌好的原因是道听途说的，则可以告诉顾客：澳柯玛空调，是我国空调行业唯一通过国际标准化组织三大标准，即ISO9000、ISO14000、OHSA18000的企业，来打消他们的疑虑。

避开弱点，耐心讲述自己品牌所具备的独特优点。

例如：当一位顾客显示出对澳柯玛大力神空调产品的浓厚兴趣，但同时又抱怨其价格太贵时，导购员可以介绍：该产品的价格是贵一些，它的压缩机是最新式的进口机，所有部件都来自名牌企业，采用三重空气过滤技术，保证家中空气清新。

显示整体优势，强调积极一面。

有时顾客的需求无法完全满足，这时千万不要灰心或放弃，而应该积极地争取。

例如，一位女士觉得大力神KFRD-80LW/A(F)的功能很不错，但太大，不适合自己的房间。导购员可以讲："放在客厅，可以调整摆放位置，使几个房间都享受得着，既气派又实惠。"

对抱怨和投诉，正面承担错误，以行动改正，征得顾客的认同和谅解。

例如，一位顾客说他的一个朋友买了澳柯玛空调，出了质量问题，因而认为澳柯玛空调质量不好。

此时导购员不要与顾客争辩，而应该正面承认澳柯玛空调和其他空调一样，都存在"万里还有一"的个别质量问题。但澳柯玛具有最好的服务措施，告诉顾客澳柯玛空调为改进质量和处理此问题所做出的努力，取得顾客的谅解：

“有个别的澳柯玛空调的确出现了质量问题，给顾客带来了麻烦。澳柯玛空调对这个问题高度重视。我们有相当及时的维修服务。其实澳柯玛空调公司的最大优势之一，就是根据顾客的需求不断改进。”

(4)顾客的反应

导购员在解答疑问和处理异议时，应随时观察和询问顾客的态度是否有所改变。例如：

“我的回答令您满意吗？”

“您觉得是这样吗？”

“请问，您还有什么问题吗？”

3. 解答疑问和处理异议时常见的错误行为

在此阶段，有的导购员可能难以接受顾客的问题和态度，从而产生一些不良的应对行为。

(1)与顾客争辩

当导购员认为顾客的观点不对时，试图以辩论、质问、说教等方式，使顾客认识到并承认自己是不对的。例如：

“你说澳柯玛空调质量不好是错误的。”

“谁说我们这里空调的价格高？”

“你承不承认澳柯玛是中国驰名商标？”

“你这种观点不对，这是高档机，所以价格就是高，本身就不是给一般人使用的。”

无论导购员是否有理，同顾客争辩都不会达到说服顾客的结果，反而更加强了顾客的抵触心理，使顾客产生对导购员的不信任感。因此，导购员无论在什么情况下，都不要与顾客争辩。

(2)表示不屑

有些导购员当认为顾客的观点不对或态度不良时，会表现出一种不屑与顾客计较的轻蔑态度，例如：

不做回答，同时流露出不屑一顾的表情。

“您这么讲，我也没有什么好说的了！”

“我不同你争，但你这种观点是不对的。”

“你这么认为，我也没有办法。”

"该讲的我都讲了,你不相信就算了。"

(3)不置可否

对于顾客的观点和态度,导购员不置可否,采取放任的态度。这样的结果,或是使顾客感到失望和不满,或是加强了顾客原来的不良印象和疑问。

(4)显示悲观

对于顾客所提的疑问或异议,特别是那些难以解答和处理的,导购员显示出悲观的情绪。例如:

"我也觉得这款空调的价格太高,没法卖!"

"澳柯玛空调,的确有您所讲的问题,我也没有办法。"

(5)表示哀求

对于顾客所提的难以解答和处理的疑问和异议,导购员不是积极地应对,而是纠缠、乞求顾客购买。

例如:

"谁的空调都有问题,别管那么多了,就在这儿买吧,可以给您再便宜点儿!"

"您就买吧,帮帮忙啦/求您了/谢谢您了!"

哀求不但很少能达到使顾客购买的目的,而且非常不利于导购员与企业的形象。

第五章　善始善终　树立美好信誉

当顾客交钱购买后，导购员如何维护自己的信誉，不仅涉及品牌形象，更重要的是关系到能否让老用户带来新用户。

一、顾客办理付款手续后需介绍的内容

当顾客办理好付款手续后，可能不会马上离开柜台。这时，导购员不能冷落顾客，可以以关心、家常的方式，向顾客介绍以下四个方面的知识：

1. 怎样使用空调才更省电？

根据自己的喜好设定运转方式

可根据室内外的温度变化和自己的喜好，选择制冷、制热或自动转换模式。在设定室温时，夏天应将室温设定在25℃—26℃为宜，冬天把室温控制在18℃—20℃是非常舒适的。在制冷时，不应将室温设定过低，过低不仅对人的健康不利，且费电。

选择适宜的温度、风量、风向调节

在制冷、制热时，应根据室内外的温度，选择适宜的设定温度。在风量、风向调节中，制冷或制热初期，可选择大风量和扫掠吹风，当温度达到设定温度时，应及时减少风量，并调节风向至合适范围，制冷时，使冷风平吹，从上往下冷，制热时，使热风下吹，使地面先暖。

有效利用夜间节能模式

应有效地利用夜间节能模式，这样不仅可以达到最佳舒适状态，而且省电。

要经常清洗过滤网

在经常使用中，防尘过滤网会被灰尘堵塞，影响热交换的进行，使制冷或制

热时的效果降低，如不及时清洗会增加耗电量。在一般情况下，应每两周清洗一次。

房间应尽量避免阳光的直射

每次使用空调前应对房间进行通风换气，而且不要频繁地开门窗，否则会降低制冷或制暖效果，费电。夏天窗户尽量遮住直射日光，冬天应封好窗户，这样可省电5%左右。

2. 使用空调应注意的问题

要委托专业人员安装

安装空调要委托所买空调商店的专业人员，自己安装不善会造成漏水、触电、火灾等事故。

要使用空调专用电源插座

要使用空调专用电源插座，绝不允许电源线中途连接或使用延长的电线，电源插头必须直接插在空调专用的电源插座上，否则会造成触电、火灾等事故。

不要长时间吹冷风

不要长时间让人体直接接受冷风吹袭，以免对人体的健康有影响。

不要在空调机上摆放物品

不要在空调机上摆放物品，更不要用水直接清洗空调，否则会造成故障和触电。

清洁空调要关闭电源

清洁空调时，必须关闭电源、拔下插头，确认风扇是否完全停止运转。

3. 空调使用中的简单故障诊断

空调在修理之前，请再次仔细检查一下，如有下列情况属正常现象：

插上电源或打开遥控器运行开关后，不能立刻运转。这是因为空调主机需要三分钟延时后才能工作。

不能立刻出风，空调在制冷时（风速自动挡），由于除异味功能在工作；制暖时，防冷气流功能在工作，需稍等片刻。

空调中产生像水流动的声音，这是管路中制冷剂在流动的声音。除霜时或空调停止运转时，将会有这种声音产生。

空调运转中有响声，是空调内部开关声音或温度变化使塑料部件的伸缩发出的声响；还有制暖停止时，热交换器发出的声音。这都属于正常现象。

空调有异味时，装修的房间、家具、服装等产生的异味会进入空调里，开机时就会产生强烈的异味。空气清新装置虽然会减弱部分异味，但必要时，还需要使用除味剂。

风速不能转换，因为除湿时或制暖开始时，风速是不能切换的，工作中按按钮约三分钟内送微风。然后，才可设定风速。

室外机淌水、冒热气，这是制暖时，附在室外机的水分，除霜时产生的蒸气。制冷时，管路和配管结霜时会产生淌水现象。这是正常现象。

4. 下列情况需请专业人员维修

运转时机器的噪音非常大；

空调室内机漏水；

电源线插头有异味；

电源线插头和电源线特别热；

室外机支架或吊具受到腐蚀或松动；

需要移动空调。

二、如何协助办理购机手续

导购员应牢记，顾客决定购机的时刻，绝不是销售任务的结束。因此，一定要尽心尽力地协助顾客办理好购机手续，并使顾客带着愉快和留恋的心情离去。

完善购机手续，不仅可以给顾客良好的印象，而且会对售后服务产生益处。

1. 继续保持高昂的服务热情，表现出乐于服务的意愿

导购员应时刻想到，你现在的所作所为，不但是为了顾客满意而归，而且会直接影响到顾客是否介绍其他顾客的意愿。

2. 根据顾客的需求介绍各项内容

导购员在办理购机手续时需要介绍什么、介绍到何种程度，取决于顾客的需求。

太多浪费双方，特别是顾客的时间，无法体现便捷的服务原则。

太少则没有满足顾客的需求，无法体现顾问式的服务原则。

3. 帮助办理各项手续

向顾客讲明购机手续，如交款、填表等；

参与办理手续；

注意细节，如，帮助顾客填表、请顾客出示证件时要礼貌等等。

4. 协助顾客清点

例如，清点有关资料、发票、保修卡等。

5. 感谢顾客并建议推荐

（1）真诚感谢顾客

当顾客办理完手续，准备离去时，一定要真诚地感谢顾客。

（2）建议向他人推荐

同时可以有礼貌地请该顾客推荐自己的亲朋好友前来购机。

（3）服务用语

"您好，让您久等了，现在所有手续都办好了，谢谢您啦！希望您对我个人的服务提出宝贵意见，也希望再有机会替您或您的亲朋好友服务。"

"谢谢您，有什么问题请随时与我联系。这是我的名片（我店的卡片），同时也请您对我们的产品或服务提出宝贵意见，并介绍您的亲朋好友来找我。"

（4）亲自或目送客人离店

在顾客未出店门前，至少要保持目光相送，这是体现关心顾客的细节。

三、售后服务

1. 柜台售后服务的重要性

（1）售后服务是零售店的责任

专柜、专卖店，不能认为空调一旦售出，便没有任何责任了。

如果顾客有售后服务的需要，并请求专柜、专卖店帮助的话，专柜、专卖店应义不容辞地协助顾客解决，不能推给售后服务部门。

（2）向顾客直言，你将认真执行和履行售后服务责任

不要因为怕麻烦，而不敢向顾客直言。

顾客对勇于承担售后服务责任的导购员，会产生好感。

（3）售中介绍售后服务的详细内容

在导购过程或办理付款手续后，向顾客介绍售后服务的详细内容，以及将

带给顾客的好处。这不但可以给顾客留下良好的印象,而且会避免因顾客不了解售后服务的具体范围和方法而可能带来的麻烦。

(4)处理好顾客的不满,方可树立真正的良好形象

任何柜台,都无法保证让所有的顾客都满意。

专柜、专卖店的导购员,除了做好顾客接待,力争避免顾客不满外,还应该懂得如何处理和化解顾客的不满情绪,真正做到百分之百让顾客满意。

2. 如何处理退换

(1)专柜、专卖店应该明确退换制度

已购空调产品可退换,是法律赋予顾客的权利和最重要的购买决策条件。如果专柜、专卖店一味地回避或消极对待,只能使自己处于不利的地位,更无法代表该品牌产品,做到百分之百顾客满意。

因此,专柜、专卖店导购员,应该主动详细地向顾客介绍对顾客有吸引力的退换细则,以满足消费者日益增高的售后期望。

(2)明确告之顾客

购机后想退换的顾客毕竟是少数,但导购员如果能在顾客挑选空调时,就明确告之在本店购机可以退换,则可以对大多数顾客产生吸引力,达到促销的目的。

另外,让顾客了解退换细则,还可以避免以后的麻烦。

(3)如同接待购买者一样热情周到

顾客在退换空调时,对导购员的服务态度比购买时更加敏感。

如果导购员冷落顾客,则会给顾客留下一个非常不好的印象。因此,导购员在处理退换时,一定要比在顾客购买时更加热情。

千万不要错过这个令顾客满意的机会!

3. 处理顾客不满

(1)顾客为什么不满?

因为顾客自身——

没有达到期望值

需要得不到满足

持有偏见

本来就不高兴

对导购员缺乏信任

对于零售店环境不满意

因为导购员——

不兑现允诺
不仔细聆听
不耐烦
缺乏培训，交际能力差或不懂礼貌
不给顾客表达情感的机会
产品知识不够
态度不好
没有紧迫感
漠不关心
同他人更加亲热
对其他顾客态度不良
工作态度随意

(2)顾客不满时想得到什么？

有人聆听，得到尊重
问题本身受到认真地对待
立即见到行动
获得补偿
犯错误的人受到惩罚
澄清问题使其不再发生
感激的态度
紧迫感

4. 做什么和不做什么

顾客不满时，会十分挑剔导购员的言行举止。因此在处理顾客不满时，一定要注意细节，按正确的方式行事。

(1)应该做的事情

和颜相待
让对方发泄怒气
表示关注和理解，并作记录
如有错误，立即承认
明确表示承担替顾客解决问题的责任
当顾客消气后，找出问题所在以帮助顾客
最好同顾客一起找出解决办法
令顾客感到舒服和放松
注意对其他顾客的影响，必要时请你的上司出面

(2)不该做的事情

争辩、争吵、打断对方

记住，导购员的责任是解决问题，争辩、争吵和不礼貌地打断对方，只能使顾客更加不满。

直接拒绝顾客

当顾客的要求无法满足时，不是耐心地协商，找到切实可行的解决方案，而且直接拒绝替顾客解决问题。这样的导购员是不称职的。

纠正顾客的错误或批评顾客

任何人在有情绪的时候，都有可能做出不理智的言行，导购员此时的任务是化解顾客的情绪，解决问题，而不是纠正顾客的错误。

强调自己正确的方面

这样做只能使顾客更加不满。

表示或暗示顾客不重要

例如，导购员对顾客讲："其他顾客都没有提出这样的要求。"这种做法会使顾客感到自尊心受到伤害，变得更加不满。

认为抱怨是针对个人的

顾客在非常不满时，会对导购员态度不好，甚至做出不理智的事情。此时，导购员千万不要认为顾客的举动是针对你个人的，更不要针锋相对。

有错误不承认

这是愚蠢之举，不承认错误，不等于错误不存在。这样做只能使顾客更加不满。

有时，顾客只是需要导购员认错而已。

有含糊地表示，打太极拳

例如："我们尽量解决吧！"因怕承担责任而言词闪烁，无助于问题的解决。

怀疑顾客的诚实

类似"如果我们的导购员真的骂了你……""我们马上检查一下，如果确属空调质量问题，我们就会……"这样的话，对顾客来讲是非常刺耳的，他们会感到自己的诚实受到了怀疑。

责备和批评自己的同事

为了平息顾客的不满，而责备和批评自己的同事以及上、下级，是很低级的做法。这样不但会使顾客对专柜、专卖店失去信心，而且也有损导购员自己的形象。

假装关注

导购员的态度虽然显得认真,但却没有用心了解顾客的真正问题,甚至根本没有记住顾客的话,使顾客更加不满。

在事实澄清之前便承担责任

导购员在弄清事实之前就匆匆承揽责任是危险的,这样可能会使自己和专柜、专卖店陷于被动而无法解决问题。

拖延或隐瞒坏消息

当自己的承诺无法兑现,或出现令顾客不满的局面时,导购员因担心顾客生气而拖延告之顾客,甚至隐瞒信息。这种方式是错上加错,会使顾客的问题进一步耽搁。

向顾客表示自己的成绩

在问题解决后,向顾客表白自己如何辛苦,以取得顾客的同情和感激。例如:

"为了你的问题,我不知道费了多少气力!"

"我从来都没有遇到过这样麻烦的问题!"

使顾客满意是导购员的责任,因此,导购员没有必要表白自己。这种行为是没有职业素养的表现,非但得不到顾客的感激,而且会失去顾客原本心存的谢意和信任。

用消极否定的词语

在同顾客交往时,使用"但是"、"不"、"你不懂"、"你这样是错误的"等消极否定的词语,是非常不好的习惯,有时甚至是具有破坏性的。一个有职业素养的导购员,很少使用这样的字眼。

(3)服务忌语

在实际工作中,应避免使用以下20句服务忌语:

这事没法儿办!

谁说的找谁去!

别人用得挺好呀!

价格都写着呢!

我们没发现这个毛病呀!

你听不听我解释?

我们一直都这么做的……

你信不信我?

给你换个试试,不行我们也没办法。

你也有不对的地方!

您现在买吗?

你是真要假要?

你买的时候为什么不提出来?

这不关我的事……

没看我正忙吗?一个一个来吧!

大概(也许、差不多、可能)是吧!

你怎么这么讲话?!

我也不是成心的!

爱告哪儿就告哪!

我也着急着呢!

四、回访导购

如果你能向你的顾客提供更多的老用户的名单,并请顾客向老用户了解质量等情况,可以取得顾客的信任。

满意的顾客是你最好的广告。因此,在导购时,使用老用户名单,可以取得顾客的信任并促使其树立信心。

为此,导购员需要掌握回访导购法。

第一步:建立用户档案

序号	用户姓名	工作单位名称	详细住址	电话号码	购机日期	回访日期	回访状况

第二步:明确顾客的个人信息

通过沟通,了解顾客的单位、住址等个人信息。

第三步:引用能引起顾客联想的老用户

· 相同或相近小区的老用户

· 相同或相近单位的老用户

· 当地著名建筑物的老用户

· 当地著名单位的老用户

第四步:出示相关老用户的安装单、信件、照片或剪报

第三篇　导购艺术

尽管导购技术具有一定的规律，但是，导购员以及顾客的个体差异，决定了没有一成不变的导购行为。因此，共同的导购技术，不同的导购员，在对不同的顾客进行具体的导购过程时，又是各有差别。这就是导购艺术。

具体来讲，导购艺术，包括三个方面：

确立渴望的导购目标；

保持高昂的导购激情；

练就成功的导购习惯。

第一章　确立渴望的导购目标

对任何一个目标持有强烈的激情，必将带来成功，因为对目标的渴望，会产生实现目标的手段。

没有目标，生活和工作也就没有内在的动力。因此，市场经理的核心职责之一，就是协助导购员确立自己所渴望的导购目标。而导购主管的核心职责，在于指导导购员如何实现自己的导购目标。

导购目标，包括生活目标和工作目标。

生活目标，就是希望自己过上什么样的生活？当月、当季度、当年，希望给自己或家人奉献什么？

工作目标，就是为了实现自己确定的生活目标，需要自己在当月、当季度、当年，完成多少销售量？

第一步：从现在开始，以后12个月内，我想赚多少钱？或者本年度内我必须购买的十大物品是什么？需要多少钱？

生活目标:本年度我必须购买的十大物品

序号	商品名称	预购时间	预期价格	购买理由
1				
2				
3				
4				
5				
6				
7				
8				
9				
10				

第二步:要赚这么多钱或购买这十大物品,我必须推销多少空调?

工作目标:本年度我必须完成的销售定额

月份	1	2	3	4	5	6	7	8	9	10	11	12	合计
计划													
实际													

第三步:我如何才能完成销售定额?

在柜台内的正常销售中,预计可以完成多少?

还有多少顾客需要在柜台外开发?

第四步:如何开发柜台外的顾客?

制订回访老用户计划。

制订拜访装修公司计划。

为了实现自己的目标,需要采取以下三个措施:

(1)按步骤来

确保你的每一个步骤都符合逻辑,不要含糊不清。

把目标和计划贴在自己的床边墙上,早晨第一件事情就是看看它,晚上临睡前也要看看。

将目标和计划缩写一份，带在你的包或钱夹里，能随时随地都记得住。

(2)立足今天

今日做得好，明天更美好。这是实现自己梦想最重要的一步，也是最容易忽略的。

立长志，不要常立志。改变很多时候还没开始就放弃了目标的不良习惯和惰性。

循序渐进。将整个目标和计划分解为日、周、月计划，然后踏踏实实地完成。

(3)总结调整

你是否还在计划规定的轨道上？

你是否需要改变方向或增添新的步骤？

问自己：取得了什么进展？下一次能有什么不同的、有效的办法？

评估你所遇到的挫折和障碍，从中学到了什么经验教训？

这样来改进你下一次目标的确定。

经验是最好的老师。但是，经验只有总结提升，才是前车之鉴。

第二章 保持高昂的导购激情

作为导购员,没有知识,可以学习,没有经验,可以锻炼。但是,一旦没有激情,将无药可救。

从事导购员的工作,每天都可能遭遇拒绝。如何在拒绝面前仍然激情万丈,是决定成功与否的关键因素。

导购员不仅要专业、敬业,还要乐业。

那么,导购员如何保持高昂的激情呢?这需要内力、外力、拉力、弹力四种动力的综合作用。

第一节 激情之内力

如何从内心确立强大而持久的激情呢?关键在于寻找自己的兴奋点、闪光点、利益点。

一、寻找自己的兴奋点,乐在导购

德国大诗人歌德曾经有一句名言:“工作若能成为乐趣,人生就是乐园;工作若是被迫成为义务,人生就是地狱。”

每个人都有能使自己乐不思蜀的兴奋点,所不同的是:

有人的兴奋点是游戏,在消耗体力、精力和时间之后,得到的仅仅是度过了一段愉快的时光,但却没有创造任何价值;

有人的兴奋点却是工作，同样是使自己乐在其中的过程，却对自己、对家庭、对组织、对社会创造出了一定的价值。

如果一个人不能认同他所从事的导购职业，不能从导购中获得快乐的话，他是不可能成功的。

因此，乐趣是点燃激情的前提。导购员在选择从事销售工作之前，必须扪心自问：自己是否乐于与人沟通？

找到了乐趣，可以帮助我们越过障碍，弥补我们在某个领域内技巧的不足。

保持兴奋点，需要做：

要明白为什么要做导购？对自己、对家庭、对公司、对顾客，究竟有何好处？作为导购员，在长期与人相处过程中，凡是对人对己有利的事，一定要做；凡是对人有利，对己无害的事，只要有时间，就应该争取多做，帮助了别人，就是帮助自己。

不断回顾自己的艰苦历程，回顾自己的远大理想。

课堂讨论

细心阅读下面的资料，体会并讨论导购给自己带来哪些乐趣？

如果你用心注意一下身边职工的劳动情绪，就会发现有对比明显的两种类型：

第一种类型：热爱本职工作，埋头苦干，而且始终精神抖擞，毫无倦意。

第二种类型：厌倦自己的工作，干活时思想不集中，还时有牢骚怪话，似乎受了莫大的委屈。

做相同的工作，前者感到如在乐园，其乐无穷；后者却是愁容满面、萎靡不振。为什么会有截然不同的结果？原因在于人们对工作的看法不同。前者把工作看做一种乐事，全心全意置身于其中，而且不断动脑筋去改善工作，以觅取更大的乐趣；后者把工作看做苦差事，千方百计想减轻或逃避这种痛苦，难怪面无悦色，一副受委屈的模样。

据生理学家研究表明，越是热爱工作，沉醉其中的人，性激素的分泌就越旺盛，随之，工作意愿就越强烈。人在谈情说爱时，双眸会发亮，皮肤也会润泽有光，这就是性激素受到爱神的刺激，大量分泌的结果。与此相关，厌倦工作的人，由于郁郁寡欢，情感受到严重压抑，性激素的分泌也逐渐下降，结果就造成精神容易疲倦，对工作更加厌倦的状况。

热爱工作的人，由于工作时全神贯注、心无二用，下班后就能把一天的紧张，全都发泄出来，这样的生活符合“一张一弛”的规律，所以充满了意义感。讨厌工作的人，就体会不到这种乐趣，所以生活过得阴阴郁郁，没有生趣，没有意义。

从阴郁的低处爬到快乐的高处，必定会有一番痛苦地挣扎，但是，这种痛苦是短暂的，一旦挣脱苦境，爬到高处，就会感受到生活的意义和人生的价值，奋斗付出的代价也就得到了补偿。

以爬山为例，如果毫无目标和计划，带着被迫的心情去爬，就会感到索然无味，人也容易疲劳。要是预先把登山的要领告诉大家：该做什么准备工作，爬哪条路线，主峰有多高，大约要花费多少时间，沿途有哪些风景点或古迹……把这些问题都交给大家一起研究，自然会引起登山者极大的兴趣，貌似乏味的爬山就会成为一种享受。

二、寻找自己的闪光点，扬长避短

任何人都有自己擅长的方面。作为导购员，重要的不在于自己不会做什么，而是你擅长什么。把自己的爱好变成擅长，不仅能产生强大的兴奋点，而且能创造出自己都难以置信的价值。

在面对失败和挫折时，要积极寻找它所带来的有利的一面，总结下一次你可以换一种什么样的不同的方式去做。

任何事情，都有有利的和不利的两个方面。聪明人总是能够做到三点：

一旦确定了明确的努力方向，就时刻坚持方向，不达目的，决不罢休。

反复重复自己的长处。知道自己不知道什么固然重要，但更重要的是首先将自己已经知道的知识或方法，在导购中充分发挥利用出来。

同样的错误决不犯第二次。聪明人不是不犯错误，而是从第一次错误中找出经验。

课堂讨论

细心阅读案例 1 和案例 2；

写出自己的 5 项擅长；

写出如何将5项擅长,结合进自己的导购。

案例1

人有各种各样的类型,也各自有自己的长处和短处。

要培养人才,就必须尽力发掘对方的长处,松下幸之助在这一点上堪称楷模。他根据几十年企业管理的经验,总结出一条原则:当领导的要尽可能注意职工的长处,同时也要尽可能不去注意职工的短处。

由于只注重长处,而把一个实力尚未完备的人破格提升到重要职位,因而使工作遭到一些损失——即使偶然出现这种现象,他也认为无关紧要。松下氏是这样解释他的用人哲学的:"如果,我两只眼睛只盯着职工的缺点,不但没法放手用人,还得时时担心他会不会失败,这样,企业的经营就会趋于低潮,更谈不上事业的发展了。好在我一向只看重职工的优点和才能,用人的时候就从好处着眼:让某人担任这个职务一定会发挥效用,让某人当主任定能胜任,让某人做经理必然会成功。

"在这种用人哲学的指导下,我就能放心地交付工作,布置任务。也正是如此,职工的实际工作能力得到了提高。

"实践证明,这个原则是正确的。因为,纵观全局,本公司的职工并不比其他企业更突出,但是,大家却把工作做得很好。在同行业中,松下电器始终独占鳌头,这就无可置疑地说明,本公司的用人方法是成功的。

"总之,作为一个领导应该尽量注重职工的优点,活用职工的优点,当然,发现缺点和不足之处也要及时指出,加以纠正。

"一般说,在发掘长处上要用七分力量,寻找缺点则用三分力量,这是比较合适的标准。我更偏重长处,花了九分力量,看缺点仅花一分力量而已。所以偶尔也会失误,遭到失败。不过,如果把这种失败当做培育人才付出的学费,那还是合算的。"

松下电器株式会社之所以人才济济,事业兴旺,原因就在于经营者这种独特的培养方式上。

当今的企业,几乎个个都在为寻觅和培养人才而付出巨大的精力、财力和时间,但是,效果并不尽如人意,归根结底就是因为在培养人才上缺乏"无可动摇的信念"。

案例2

理光社长市村清，在年轻时代是个血气方刚、好强成性的人，经常和同事发生冲突、争吵。理研社长O氏却十分赏识这个年轻人，把他从代理店长一下跃升为总社的经理。

当时总社的干部和职工既不服气，又很嫉妒，都采取不合作态度。在困境中，他依然得理不饶人，大胆泼辣地工作，因此经常出现摩擦。

有一次，在偶然的机会中，市村清遇到同乡的老前辈Y中将，他就请教前辈："像我这种性格强硬的刺头儿，进了公司就不断有纠纷，是否不适合当领导？"

Y中将回答："你就像一种长着许多棱角的糖球，身上也有不少棱角。棱角就是缺点。看来你也对自己的个性有了反感，想改变成看风使舵、四平八稳的人？"

"您讲对了，我正想这样做。"

Y中将脸一板，严厉地说："不行，你想错了！如果你一心去磨棱角，或许能改变成凡事圆满、老少和气的人，但是，人之间的等级相对变小了。

"罗斯福有句名言：害怕缺点，乃小人之常。只要秉公处事，真诚待人，积极勇为，就绝无没落之日。

"我也有同感，与其谨慎地矫正缺点，不如勇敢地发挥长处，这才是增强实力的上策。

"随着年龄的增长、知识的丰富，糖球凹陷的部分自然就被填满了，成为一个大圆球。到那时，同样是圆满、成熟的人，等级上的差别就大了。

"目前你还年轻，尽管还不成熟，我倒反而寄予莫大的期望。"

Y中将的一番说教使市村清茅塞顿开，他回到公司后感到有了强大的精神支柱，工作魄力更大了，后来，果真成为与众不同的经营者，把理光社搞得有声有色。

作为领导或导购员，切忌只知挑职工或自己的缺陷和不足，应该看中对方或自己的长处，并设法伸展其长处，这样才能真正培养出人才。

三、寻找自己的利益点，增值保值

(1)在精神上，对自己的事业，树立自豪感

在市场经济中，特别是当失业现象比较严重时，从事销售工作，对普通劳动者来讲，是一项重要的生存技能。

一个具有较高销售技能的导购员，在劳动力市场上的“价格”是很高的，因为任何产品或服务，必定需要导购员的销售。

培养一名具有较高销售技能的导购员，个人和企业都要付出很高的费用和时间。

销售是给企业创造利润的工作，是实现企业现金流入的来源。因此，没有一支强大的销售队伍，便没有企业的一切。特别是当产品和服务越来越复杂时，特别需要一支训练有素、激情高昂的导购与销售队伍，来帮助顾客购买满足自己需要的产品和服务。

从个人发展角度看：

为了加快个人成长，你需要从事销售工作。一个经过销售锻炼并取得相当业绩的导购员，在市场经济中，绝对不会失业，任何时候都能找到相应的工作。

为了提高个人和家庭生活水平，需要从事销售工作。因为在所有靠劳动获取收入的职位中，只有导购员的收入完全取决于你自己的业绩。中国有个俗语是：好汉不拿有数钱。对绝大多数普通工薪人员来讲，增加收入的最好的途径就是从事销售。

既然如此，就为当一名导购员而自豪吧！就将自己定位于职业导购员吧！如果你没有职业自豪感，你就无法形成能够使你成为销售明星的那种积极顽强的态度。

(2)在物质上，活学活用，提高职业收益

投入决定回报：

只有投入充分的时间、能量和热情，才能获得娴熟的职业技巧。对此，必须保证百分之百地投入。

当然，你一定要为此付出必要的代价——你的自我感觉、金钱、时间等。但是，一旦你在销售过程中积极投入了，你会因为完成了目标而得到回报，你的回

报也许是随着一次成功的销售而来的成就感，也许是一张丰厚的薪水支票，也许是同事的尊敬和羡慕。不管你得到什么，你会坚信你在为自己和顾客做着你该做的事情。

最重要的资本就是你自己：

你必须不断更新有关产品的知识，了解整个行业的情况，懂得你的顾客和导购技巧。顶尖导购员，能够利用好他们获得的每一次培训机会，比如听磁带，读关于积极思考、销售技巧和心理方面的书籍等。

锲而不舍，思考创新：

顶尖导购员，不仅比别人更努力，而且总是在思考：

更加积极有效的办法是什么？

该产品有什么新信息？

顾客可能感兴趣的话题是什么？

（3）在心理上，自我鼓励，迎接失败

盯住目标，鼓励自己：

当你身处困境时，回顾你过去的重大成功，紧紧盯住你的目标。

连你自己都不鼓励自己，还有谁来鼓励你？

世上没有救世主，全靠我们自己！

目标就在眼前，为你的动力之火加油吧！如果连你自己都不给自己加油，那么，谁会给你加油呢？

迎接失败，屡败屡战：

柜台导购，每天都要面对失败。

想想肯德基创始人桑德斯先生，他 66 岁创业，为了找到顾客喜欢的炸鸡配方，先后失败了 1009 次！

想想康师傅方便面，先后通过 1600 人次的试吃，才找到最佳的红烧牛肉面的配方。

如果你想成功，那么你就鼓起勇气去面对失败，并从自己的错误中学习。

如果我们能从失败中学到些什么，失败也就不再是失败了。失败并不可怕，可怕的是面对失败时，不是寻找自己的原因，而是把所有失败的原因，要么归于别人，要么归于自己命不好。持有这样的态度人，永远也不会从失败中汲取经验教训。

通过填写下表，分析自己印象最深的三次失败的导购经历。

失败经历	经历描述	失败的原因是什么	本应如何解决	以后是否会再次出现
第一次				
第二次				
第三次				

第二节　激情之外力

要保持高昂的激情，除了通过寻找自己的兴奋点、闪光点和利益点这三个内力外，还需要采取有效的外部形式化的力量，即外力。

实际上，保持高昂的激情，并不需要数年的辛苦或什么神乎其神的经验，而只需要你付出行动。记住一条黄金法则：

你怎样对待别人，别人也会怎样对待你！

如果你总觉得这世上处处令你恼火、烦躁，你一定会发现其他人都讨厌你。

如果你对别人热情友好，你就会发现别人也这样对你。

即使其他人不这样对待你，你也有责任保持一份高昂的激情。

下面有六个保持激情的形式化的方法：

一、从早晨练激情

即每天早晨一睁眼就要充满精神。为此，早晨起床后，用15分钟：

复述自己的目标；

听歌曲《爱拼才会赢》。

二、从眼前提激情

写个字条："激情决定成功"；

把写着“激情决定成功”的纸条,贴在床头上,贴在洗手间的镜子上。

三、从朋友得激情

交往更多的积极向上的朋友,你自己就能从朋友身上获得奋发向上的激情。为此,你必须避开那些消极的人。如果周围有人在喋喋不休地议论一些消极的东西,你应该换个话题或干脆走开。如果你没什么好谈的,干脆什么也别说。

在导购生涯中,总是与人打交道,但是,必须远离四种人:

没有一技之长的人。和没有一技之长的人在一起,时间长了,你会发现自己总是比别人强,学习进步的激情就慢慢消失了。

满腹牢骚的人。满腹牢骚的人,每当遇到不顺利的事情时,总认为是别人的错误,是别人欠自己的,而从来不会从自身寻找原因。这种把问题全推给别人、不检讨自己不足的人,永远也找不到进步的途径。

失去希望的人。失去人生追求和希望的人,非常容易自暴自弃,自甘堕落,也特别容易染上不良生活恶习,如赌博、吸毒等。

好高骛远的人。这种人永远只希望得到顶楼,却不愿意从地基开始。总是充满美好的幻想,就是不去踏踏实实地落实。

四、从健康保激情

导购工作,需要充沛的体力。健康的身体,不一定获得优异的销售业绩,但是,失去健康的身体,必定不会创造出优异的销售业绩。

导购员必须找到适合自己的锻炼身体的方法。或是走路,或是跑步,或是游泳,或是洗冷水澡,或是利用健身器材等等。同时,有必要远离过量的咖啡因、酒精、烟草和会使你长胖的食物。

五、从愉快生激情

让每一个遇到你的人,都因结识你而开心。

如果你能做到这一点,你的朋友会越来越多,你自己也就会越来越充满向上的动力。

六、从榜样学激情

在奔向成功的道路上,你一定不是孤独的。

如果你肯求助,到处都有人乐意伸出援助之手。成功人士总是向他人学习,学习他们的成功之道。

有一种人,每当看到别人成功时,总是强调此人有这样或那样的特殊性,要么是靠特殊关系,要么是靠运气,要么是靠非法手段,要么是脑袋聪明等等。这样拒绝向成功者学习的人,绝对不会成功。

实际上,作为导购员,在工作过程中,会接触到各种各样的同行。必须抱着学习、借鉴和创新的态度与他们交流。只有不断吸取其他成功导购员经验的人,才能不断进步。

通过学习成功的榜样,可以促进自己,鼓励自己。你希望你的生活是什么样,就相应的选择你的环境和榜样,只要不懈努力,必将心想事成。为此,可以采取以下三个措施:

找榜样学精神。不要盲目地找技巧性的榜样。实际上,向榜样学习,关键是学习他成功的精神,而不是照搬他成功的技巧。技巧性的经验,具有很大的具体性和个性。同样的技巧,在不同环境下效果则完全不同,而成功的精神却是一样的。

找榜样求帮助。导购员不能依赖别人,但要学会寻求帮助。为此首先要找到对你有帮助的人。最好的榜样既可以从同行中找,也可以从其他行业中找。这需要你不断扩大交往圈子。通过向其他行业的成功者学习,不仅容易得到帮助,而且可能在本行业中产生创新效应。

找榜样听建议。周围有很多人愿意帮助你。所谓当局者迷,旁观者清,同样的问题,你可能看不到,而别人却很容易看到。所以在没有仔细思考之前,别轻易否定他人给你的建议。

通过填写下表,来寻找自己的榜样。

项目	是谁?	为什么?	你将采取什么行动?
你最佩服的人			
你最愿请教的人			
你最希望成为的人			

第三节　激情之拉力

当你看到一个运动员站在领奖台上,你想到了什么?

当你看到一个政治家赢得了竞选,你想到了什么?

当你看到一个影视明星一举成名,你想到了什么?

你应该想到他们在此之前所付出的血汗和泪水!

不要以为他们这些人的成功是多么的轻松,好像只有自己在为实现自己的目标而苦苦挣扎。

俗语说得好:不吃苦中苦,难为人上人。台上十分钟,台下十年功。

为此,要保持高昂的激情,必须投入以下四个拉力:

一、百分之百的精力

自古以来天道酬勤。

作为导购员,每天下班后,应该静下心来,问问自己:“我尽全力了吗? 还有哪个环节我没有想到?”

用这样一个信条使自己过得更好:“保持自我,时刻尽全力。”

你在工作中尽了全力,才能踏踏实实地享受你的休闲时光。

上帝是公平的,因为他给了我们每个人每天都是24个小时。

人和人之间的唯一差别,就是如何利用自己每天的24小时! 一个人,在游戏方面多用一个小时,在工作方面就少一个小时。

二、坚持不懈的毅力

人不自奋天难助。

浅尝辄止，蜻蜓点水，永远不会成功。只有凭借铁棒磨成针的毅力，才能逐步逼近目标。

相当多的人意识不到，真正使人成功的并不是幸运。

事实上，“幸运”只给那些有准备的人。

当你学习新知识的时候，

当你比他人工作更勤奋的时候，

当你付出更多努力的时候，

幸运就会降临。

幸运，源自于辛勤的工作和超乎寻常的努力。

三、百折不挠的承受力

无限风光在险处。

只有那些不畏艰险的人，才能欣赏到美景。

只有那些不怕拒绝和困难的导购员，才能取得骄人业绩。那些一遇到困难就以为天要塌下来了，就惶惶不可终日的导购员，总是怀疑自己不适合从事销售工作，甚至干脆离开这一行。

当你遇到棘手的问题时，不仅要看到这些问题的有利一面，还应该记住，正是这些困难才最能塑造你。

当你突然遇到障碍时，正是这些经历帮了你。

只有通过挫折训练，才能提高自己的素质。

一个人的成功，是在迈出最艰难的头几步时形成的，而不是在迈向终点时形成的。

四、活学活用的吸收力

在导购实践中，每个导购员都在采取不同方式学习，以提高自己的业绩。为此，可以经常进行自我诊断，诊断指标可以采用以下十个。通过客观的自我诊断，了解需要改进的因素，并写出改进措施。

序号	因素	很好	较好	一般	较差	很差	改进措施
1	充满激情						
2	时刻努力						
3	随时服务						
4	小事做起						
5	空调知识						
6	顾客需求						
7	善于倾听						
8	有幽默感						
9	树立目标						
10	售后回访						

第四节　激情之弹力

亨利·福特曾说过："一个人会被恐惧捆住手脚。失败只是一个机会，它能让我们用更聪明的办法重做一遍。"生命中最重要的几乎都是从困难、失败、恐惧和错误中学到的。最成功的人，不是没有碰到过失败，而是懂得如何克服障碍、勇敢地面对失败，并把它们变成弹力，在身处困境时能够积极行动。

课堂练习

用心阅读下面的材料。思考自己是否曾经怨天尤人？

有些人总是不肯老老实实承认自己的过失或错误，倒是很会找些托词来推卸责任，什么领导的指导方法不好、客观条件差，其他人吝于帮助等等，说起来还理直气壮，似乎“没有功劳还有苦劳，没有苦劳还有疲劳”。

把失败的责任全都推给别人，自己的缺点无形中就不了了之，于是，不久又会重蹈覆辙，犯同样的错误。

如此恶性循环，缺点就永远是缺点，不会有改正的机会，成了进步的障碍，而且使这种人越来越无能，权衡之下，这样的代价未免太高了。

宁可一次次失败，付出高昂的代价，也不肯承认自己的过失，这是什么缘故呢？原来，这种人把失败看做是极大的“负数”，因此不敢面对自己的缺点。

应该向他们指出，这是一种错误的观念。

本田宗一郎（本田技研工业公司创始人）和冈本虎次郎（绿屋社长）都说过：

“回顾我的经营史，可以说是由一系列的失败形成的。”

不断失败的人怎么不会变成精明强干的企业家？他们从每一次的失败中发现了自己的错误和缺点，并且立即加以改正，这样，缺点和错误就成了他们前进的垫脚石。

本田仅念过小学，由于缺乏知识而在创业阶段遭遇到失败。他针对自己的弱点，决心从头学起，到滨松专科学校旁听有关的课程，为以后的发展打下了基础。这是日本工商界流传甚广的一段轶事。

失败往往是飞跃进步的跳板，俗话说，失败乃成功之母，也是说的这个道理。应该让失败的人面对自己的错误，并激励他产生超越失败的勇气。

作为导购员，必须经常回顾以下观点：

只有什么都不做的人，才不会遭遇失败；

什么都不做的人，换来的必定是一生的失败；

成功和失败就像阳光和影子一样，有阳光，就有影子；

成功和失败又像硬币的两个面，是人生价值的不同表现形式；

重要的不是失败，而是如何借助失败产生的弹力，跃向更高的层次。

为此，可以采取以下三个行动：

1. 休管他人闲言

当你面对失败时，首先要过人言关。

这时，人们向你泼冷水或是用挑剔的目光看你，这是非常正常的，因为这就是人性。面对别人的失败，你或许也会这样。

一旦遇到失败，首先要承认自己这一次确实是失败了，没有必要采取鸵鸟政策。

与其花时间和精力去“关心”别人的想法，不如集中精力，去总结失败的原因，安排下一次行动的科学过程。

告诉自己：“我要证明他们错了！”

2. 别忘多想办法

一旦你向恐惧进攻，你就把它驱散了。而进攻最有效的武器，就是丰富的知识。因为知识就是力量。

只有真正弄懂相关的知识，才能艺高人胆大，才能不怕张口出错。

可以运用以下表格，分析问题和解决问题。

预定目标	分几个环节	哪个环节失误	失误原因	改进措施

3. 别犯同样错误

任何人都是在不断的摔跤中，学会走路的；也都是在不断摔倒中，才学会骑自行车的。事实上，每次失败都是学习的一堂课，只要从中汲取到有益的知识，就能不断地进步。

如果你一次又一次地犯同样的错误，没能从中汲取任何教训，那才是真的失败了。

能够善于从失败中学习，则每失败一次，离成功就接近一次。

这就是失败产生的弹力。

正是从这个意义上讲，最能促进我们成长的是困境。

在导购过程中，导购员的很多做法，都有可能破坏销售的成功。

对照下表，看看自己是否存在这些错误？如果存在，改进的措施是什么？

错误的方法	过去是否存在	现在是否存在	改进的措施
不做计划			
没有集中时间拓展业务			
过分倚重于价格			
对顾客缺乏了解			
没有做到耐心细致			
过早地进行直接的商品推介			
过高估计自己优势			
不明顾客决策过程			
讲得多听得少			
不做售后回访			

第三章　练就成功的导购习惯

人的生活环境，决定行为与思维习惯。导购员从原来的生活和工作环境，来到某企业从事导购工作，需要尽快形成符合导购需要的行为与思考习惯。为此，需要通过情景观摩与模拟演练，强化训练所需要的导购习惯。

一、十项省时方式

1. 将你的闹钟比平时设定提前 30 分钟。这样一个月多出整整 2 天，一年你比别人多出 24 天！闹钟不要放在床头上，放在房间的手够不着的另一侧，闹钟响时你不得不下床去关掉，这样一来你就完全醒了。

2. 晚上睡觉前把衣服整理好，这样不必在第二天早上醒后，迷迷糊糊地用几分钟的时间去想穿什么衣服。

3. 晚饭后，收拾好桌子，方便第二天早餐，这样做能为你在早晨最紧张的时候省出时间。

4. 设定多长时间完成某项日常事务，这样可以保证你准时。比如从早晨起床到穿戴好出门，需要用多长时间？从出门到上班地点，需要多长时间？进入柜台完成准备工作需要多长时间？

5. 为可能出现的意想不到的事情，要多留出些时间。如果早上 8 点开始工作，从出门到工作地点骑自行车需要 20 分钟，要经过 3 个红绿灯，一切正常可以在 7 点 40 分出门，但是，需要至少提前 10 分钟，以防各种可能的意外，如交通突然拥挤等。

6. 提前计划好你的吃饭问题。想清楚什么时间吃饭人少？错开吃饭高峰，要么早去，要么晚去。提前想好吃什么？节省挑选时间。

7. 不要因看电视而浪费大量的时间。如果每天看 3 小时电视，将浪费一生的 1/8 的时光。因此，对电视节目一定要有选择地看，事先看一下电视预告，选择一些对自己有用的节目，看完所选节目，立刻关掉电视。

8. 家庭管理要有条不紊，保证每样东西要放置在合理的地方，养成物归其位的习惯，这样可以省下你大量宝贵时间。

9. 不要做一个空想家。生活中增添点空想是令人愉快的，但是很多人在他们的生活中总是处于空想境界，结果浪费了大量时间。

10. 学会说“不”。每一个很忙的人都得必须学会拒绝他人提出的某些要求。否则，大量时间被别人牵制而无法做自己最有用的事情。

二、角色演练

练习一：了解需求及介绍信息

角色 A：顾客

1. 背景

你刚刚搬到了一个有大客厅的房子，需要购买一台 2P 的空调。你想买一台价格中等而且质量稳定的空调。你对空调的情况了解不多，今天已经转了几家卖空调的商场，发现几种空调差不多，而价格却差很多，即使相同功率的空调，各店价格也不同，所以你自己也不知买哪种了。

2. 演练要求

(1) 作为一名真正的顾客来对待演练，而不要仅当做是练习。

(2) 由于你看到各店价格相差较大，所以你不敢直接说出你期望的价位，你心里想最多不超过 4000 元。

(3) 由于你对产品情况了解不多，所以你想让导购员给你多一些介绍。

(4) 如果导购员向你了解需求时，你应尽量婉转地表达你的需求。

(5) 如果导购员总是向你集中介绍一种产品时，你要表现出对其介绍不感兴趣，因为你想多了解一些产品。

角色 B：导购员

1. 练习运用所学的技巧——询问需求：

（1）观察；

（2）询问；

（3）聆听；

（4）理解；

（5）核查；

（6）响应。

2. 运用所学的技巧，介绍信息：

（1）根据顾客需求介绍信息；

（2）主动示范；

（3）不断留意顾客对介绍是否感兴趣；

（4）运用基本卖点及附加卖点。

3. 背景

你看到一位35岁左右穿着普通的先生，走进商场，向空调柜台走去。

4. 练习方法

根据老师所讲内容与实际经验相结合，灵活运用询问需要及介绍信息技巧。

角色C：观察员

1. 观察内容——了解需求

观察导购员是否应用了所学的了解需求的技巧：

（1）导购员是否始终进行观察；

（2）导购员有无主动询问顾客的需求；

（3）当顾客讲话时导购员是否认真聆听，并记住了顾客的话？有无打断顾客的行为？

（4）导购员是否根据观察和顾客所述进行思考，而不是简单地观察和聆听？

（5）导购员是否时常核查自己的理解？

（6）询问过程中对于顾客的每一句话，导购员是否能给一个简短的回答？

2. 观察内容——介绍信息

观察导购员是否应用了所学的介绍信息的技巧：

（1）介绍的信息是否为顾客所关心和需要的？

（2）是否能让顾客了解到被介绍信息对于顾客的好处？

（3）有没有主动示范（主动演示样机、请顾客参与操作）？

（4）介绍时是否不断留意顾客是否感兴趣，若发现顾客不感兴趣时有没有继续询问？

3. 演练要求

（1）观察双方演练过程，并作记录；

（2）不要介入演练；

（3）将结果在课堂上陈述。

练习二：建议购买（1）

角色 A：顾客

1. 背景

你最近打算购买一部空调，但因为钱没有落实，而且你对空调不太了解，因此并不想立即购买，而想多看几家店以多了解一些有关知识和信息。刚才，澳柯玛空调专卖店的导购员，已经为你详细讲述了你感兴趣的所有空调和相关信息，因为你无意购买，故现在你打算离开专卖店了。

2. 演练要求

（1）作为一名真正的顾客来进行演练，而不是只当做练习。

（2）当导购员建议你购买时，你要表示"再到别的地方去看看"。

（3）你表达完你的意思后，无论导购员对你讲什么，你都一定要对导购员提供的服务给予真诚感谢。

角色 B：导购员

练习运用所学的方法和技巧，建议购买：

1. 背景

你正在接待一位顾客，并且已经了解了他的需求，向他介绍了有关产品及信息，同时圆满地回答了他的各种问题和疑虑。顾客在与你交流的过程中，也显示出了极大的兴趣，现在，你认为是建议购买的时机了。

2. 演练要求

（1）作为一名真正的导购员来进行演练，而不是仅当做是练习。

（2）严格按照教程的程序进行演练。

练习三:建议购买(2)

角色 A:顾客

1. 背景

你已转了好几家空调商场,最后还是决定在澳柯玛空调柜台买一台澳柯玛挂机空调。为了万无一失,你刚刚又详细地询问了有关这种空调的若干情况,感到导购员的回答都令你比较满意。现在,你决定购买了。

2. 演练要求

(1)作为一名真正的顾客来进行演练,而不是仅当做是练习。

(2)你不会主动表示想买,但当导购员建议你购买时,你就会响应。

角色 B:导购员

1. 背景

你已经尽可能地了解了顾客的需求,介绍了产品的信息,并解答了顾客的各种疑问和异议,现在,你该怎么办?

2. 演练要求

(1)作为一名真正的导购员来进行演练,而不是仅当做是练习。

(2)严格按照教材要求的程度练习建议购买。

(3)整个练习过程一直持续到顾客离去。

练习四:处理顾客不满(1)

角色 A:顾客

1. 背景

你刚刚在澳柯玛空调柜台买了一台澳柯玛空调,却发现空调工作起来后噪音较大。打电话给接待你的导购员,怀疑是空调质量有问题,他说可能是安装有问题。但你说在购买时承诺是低噪音,导购员解释可能是安装不均衡产生的。这种解释是你无法接受的,因为你清楚地记得他在介绍该空调的好处时强调了低噪音。

你之所以购买澳柯玛,就是因为它具有低噪音功能,那么既然这个功能不能用,为什么要买它呢?而且,你认为这个导购员事先没有讲清楚,因此有一种受骗的感觉。同时,你也对于澳柯玛空调柜台出现这种事情感到非常失望。

你现在来到了澳柯玛空调柜台,目的有两个:

一是表达你的不满;

二是坚决退货!

2. 演练要求

(1) 作为一名真正的顾客来对待演练,而不要只当做是练习。

(2) 你不是一个不通情达理的人,但对于服务质量非常挑剔,并不在乎对方的脸面,因为你认为纵容劣质服务者,就是对优质服务者的不公。

(3) 但如果你发现服务者的态度有了本质性的转变后,也会原谅他/她以前的过失,因为你在乎的并不是事情本身,而是服务者的服务质量和态度。

角色 B:导购员

1. 背景

还有 5 分钟就要下班了,你刚刚接待完最后一位顾客,已经疲惫不堪,准备回家了。这时有一位顾客进来找你。你认出这位顾客几天前买了一台澳柯玛空调。并且今天上午打电话说有较大的噪音,因此认为你欺骗了他。虽然你已经在电话里耐心对此做了解释,可是他还是很生气,并强烈要求退货。但是,你们的经理和财务人员已经下班了,你没有权力,也无法帮助他办理退货手续。

2. 练习运用所学的内容,来处理这位顾客的不满,特别注意应该做什么,不该做什么。

角色 C:观察员

1. 观察内容——了解需求

观察导购员是否按照培训的要求来处理顾客的不满:

(1) 导购员有哪些正确的行为?顾客有何反应?

(2) 导购员做了哪些不该做的事,产生了什么后果?

2. 演练要求

(1) 观察双方演练过程,并作记录;

(2) 不要介入演练;

(3) 将结果在课堂上陈述。

练习五:处理顾客不满(2)

角色 A:顾客

1. 背景

你是一个私企老板,每天时间很紧张。刚买了一套120平方米的房子,妻子到外地出差,希望回来之前,能够装上空调。经过上午的考察,你决定购买澳柯玛大力神柜机。你得到导购员的承诺,下午4点将来人安装。你3:50从办公室回到家中,已经与一个客户约好晚上7点会谈。但是,你在家中一直等到5点,也没有等到安装人员。你想了解情况,但电话打不通。无奈之下,你匆匆赶到商场澳柯玛空调柜台。

2. 演练要求

(1) 作为一名真正的顾客来对待演练,而不要当做仅是练习。

(2) 你并不在乎导购员的态度,只是着急何时能够安装。

角色 B:导购员

1. 背景

一位男士风风火火地走了进来,说本来说好下午4点安装,可等到现在也没有人。原来接待他的导购员正好在场,他的样子又很凶。

2. 练习运用所学的知识来处理这位顾客的不满,特别注意应该做什么,不该做什么。

角色 C:观察员

1. 观察内容——了解需求

观察导购员是否按照培训的要求来处理顾客的不满:

(1) 导购员有哪些正确的行为? 顾客有何反应?

(2) 导购员做了哪些不该做的事,产生了什么后果?

2. 演练要求

(1) 观察双方演练过程,并作记录;

(2) 不要介入演练;

(3) 将结果在课堂上陈述。

第四篇　导购激励

第一章 晋升与考核

一、明确的晋升阶梯

作为澳柯玛空调导购员,具有阶梯式的发展空间。

(一)垂直晋升阶梯

1. 优秀导购员:
本地晋升为导购主管;
异地晋升为导购主管。
2. 优秀导购主管
本地晋升为市场经理;
异地晋升为市场经理。

层级	职位名称	岗位任务
3	市场经理	信息调研、品牌宣传、促销策划与执行
2	导购主管	柜台管理、导购督导、导购培训、促销执行
1	导购员	柜台导购、信息收集、促销执行

(二)横向晋升阶梯

市场经理	一星级	二星级	三星级	四星级	五星级
导购主管	一星级	二星级	三星级	四星级	五星级
导购员	一星级	二星级	三星级	四星级	五星级

二、考核指标体系

(一)市场经理考核指标

序号	指标名称	分值
1	销量计划完成率(%)	15
2	销售额计划完成率(%)	15
3	柜台零售平均占有率完成率(%)	25
4	新闻宣传次数计划完成率(%)	10
5	导购员培训次数计划完成率(%)	15
6	信息分析报告与报表计划完成率(%)	10
7	促销效果(销售额/万元促销费)计划完成率(%)	10
8	柜台与导购员管理出现的问题	-10/次

(二)导购主管考核指标

序号	指标名称	分值
1	柜台销量计划完成率(%)	15
2	柜台销售额计划完成率(%)	15
3	柜台零售平均占有率完成率(%)	25
4	导购员培训次数计划完成率(%)	25
5	报表送报准确性	10
6	促销效果(销售额/万元促销费)计划完成率(%)	10
7	柜台与导购员管理出现的问题	-10/次
说明	报表送报:每出现1次弄虚作假扣15分,每过时送报扣5分。	

（三）导购员考核指标

序号	指标名称	分值
1	柜台销量计划完成率（%）	20
2	柜台销售额计划完成率（%）	20
3	柜台零售平均占有率完成率（%）	30
4	参加培训次数	10
5	报表送报准确性	10
6	安装单填写准确性	10
7	与顾客关系	-10/次
说明	1. 报表送报：每1次弄虚作假扣15分，每次过时送报扣5分。 2. 与顾客关系：每发生1次争吵扣10分。 3. 安装单填写：每1次填写错误扣2分，每次过时送报扣2分。 4. 参加培训次数：每缺席1次扣5分。	

第二章　导购员薪资结构

任何人都是在明确了自己的预期收入后，才确定自己的投入或努力程度。因此，科学合理的薪资体系的本质，不是如何给员工发工资，而是使员工明确自己应该如何多挣钱。只有这样，员工才能感觉到是在给自己工作，从而形成“自留地效应”。

在设计薪资体系时，采取我们设计的“3 + X”薪资结构。考虑到青岛澳柯玛空调销售公司规模，内部职层没有必要设立很多。从公司实际出发，职类分为销售类和管理类两类（特别注明：本方案中所有数额均需要具体测算后确定）。

一、导购员薪资体系

1. 薪资对象

包括地区分公司市场经理、导购主管、导购员。

2. 薪资构成

(1)基本工资

基本工资是保证基本生活需要的费用，只要在公司工作，最低收入保证即是基本工资。

所有职工，每月基本工资均为300元。

(2)岗位工资

岗位工资是对一个员工的专业技能、职业经验的价值认可。

岗位层次越高，岗位工资也就应该越高。

岗位变化，岗位工资也应随之变化。

岗位工资的额度，应考虑同行业标准。

月度岗位工资实发额=应发额×月度考核分数/100

分公司市场经理：

A类地区分公司市场经理：每月1800元。

B类地区分公司市场经理：每月1300元。

导购主管：

A类地区分公司导购主管：每月800元。

B类地区分公司导购主管：每月500元。

导购员：

每月500元。

实习导购员

无岗位工资，工资统一为600元，待实习期结束后定岗执行岗位工资。

地区类型	销售量（台）	销售额（万元）
A类保量地区	≥20000	5000
B类增量地区	以2001年为基数，销量增长率超过100%	以2001年为基数 销售额增长率超过100%

（3）绩效工资

绩效工资是对个人所创造价值的一种回报。

岗位层次越高，其所承担的责任和完成的任务也越高，则其绩效工资也随岗位层次的增加而增加。

不排除层次低的员工，创造出突出的业绩，因此，绩效工资既要反映基本层次性，也要为特殊贡献者提供制度上的增加收入的保证。

绩效工资的确定标准，是绩效工资占工资总额的比例，一般在0.4~0.9之间。对销售类人员来讲，其收入总额中，应该60%以上来自绩效工资；故该比例确定在60%~75%。

年度绩效工资实发额=应发额×年度考核分数/100×公司计划完成率

年度绩效工资的发放，可以按照季度、半年、年度发放。由公司根据自己实际情况确定。

分公司市场经理：

A 类地区分公司市场经理：每年 70000 元。

B 类地区分公司市场经理：每年 50000 元。

导购主管：

A 类地区分公司导购主管：每年 30000 元。

B 类地区分公司导购主管：每年 20000 元。

导购员：

每年 15000 元。

实习导购员：

无绩效工资。

(4)超额奖励

超额奖励额 =（年度考核分数 - 100）× M 元

M 为超额奖励系数，按照“绩效工资/100 分”的 2 倍确定。

岗位类别	市场经理	导购主管	导购员
超额奖励系数 M	1400 元/分	600 元/分	300 元/分

(5)排名奖励

分别以分公司、公司为单位，根据月度、年度考核结果，进行名次排序，按照岗位工资额度发放排名奖励。

排名	第一名		第二名		第三名		第四名		第五名	
时段	月度	年度	月度	年度	月度	年度	月度	年度	月度	年度
额度 J 是月度岗位工资	J×50%	J×5	J×40%	J×4	J×30%	J×3	J×20%	J×2	J×10%	J×1

二、职级界定

1. 职级定义

对同一职层同一岗位工作的员工，按照一定标准设立的不同薪资等级。

澳柯玛空调的职级细分为 5 级。

职级设置理由：

强化同层激励——企业作为一个金字塔式的组织，不是每个员工都能不断地从低职层提升到高职层。因此，必须为在同一个职层上工作多年的职员，提供一个薪资增加的阶梯，以此产生激励作用。

体现经验差异——在同一个职层某具体岗位工作的时间越长，所积累的工作经验越多，熟练程度越高，产生失误或差错损失的可能就越少，这种经验差异必须在薪资体系中体现出来。

减少流失成本——处于某职层具体岗位的员工，如果意识到在一定时期内，自己没有职层晋升的可能，很容易跳槽，从而导致公司知识流失。公司要重新培养一个合格的人选，又需要增加投入和时间。在职层内设立职级，可以有效地防止人才流失，减少流失成本。

2. 界定依据

(1)职级调整的依据

主要通过考核指标——年度考核分数平均值来进行调整。

(2)提级周期

以2年为一个调级周期，具体调整方式见下表。

年度考核分数平均值*	小于70分	70～89分	90分以上
考核等级	不合格	合格	优秀
等级比例			10%
职级调整	取消岗位工资和绩效工资，降一级或辞退	升一级	升两级

*年度考核分数平均值＝本调级周期内各年度考核分数之和/调级周期

(3)薪资提级

职级每提高一个级别，岗位工资以现有1级的额度为基数，增加10%。

职级调整后，只调整岗位工资，绩效工资不变。依据是绩效工资是建立在职层基础上的，反映的是该职层岗位为公司发展创造价值的差异。而岗位工资反映的是岗位技能。因此，职级的提高，表示岗位技能的提高，不等于岗位创造价值的增加。

分公司市场经理职级工资

职层	1 星	2 星	3 星	4 星	5 星
A 类	1800	1980	2160	2340	2520
B 类	1300	1430	1560	1690	1820

导购主管职级工资

职层	1 星	2 星	3 星	4 星	5 星
A 类	800	880	960	1040	1120
B 类	500	550	600	650	700

导购员职级工资

职层	1 星	2 星	3 星	4 星	5 星
工资	500	550	600	650	700

导入时,岗位工资的具体职级的起点年限,由公司确定。

职级 = 任现职年数/2

职级计算时,采取整数,不得四舍五入。

第五篇　空调与生活

第一章　过好日子，用标准空调

人们购买空调，不是为了得到空调产品本身，而是为了改善生活条件，提高生活质量。

生活条件和生活质量，是有标准可以衡量的。

温饱标准——丰衣足食

即衣食无忧。在这个阶段，人们的收入足以满足正常的衣食要求。但是，住房条件较差，住房面积较小。几乎没有购买现代家电的能力。

小康标准——丰衣足食+三电一机

随着收入的提高，不仅丰衣足食，而且还有足够的剩余资金购买现代家电，特别是由电视、电话、电冰箱、洗衣机构成的“三电一机”。电视提供人们不出家门便知天下事和在家中的大众娱乐的条件；电话增加了交流；电冰箱解决了食物保鲜问题；洗衣机解放了洗衣劳动。

但是，没有资金能力购买住房、安装空调、购置汽车等改变生活条件。

富裕标准——丰衣足食+三电一机+经济住房+冷暖自如

当收入进一步提高后，人们不仅满足于丰衣足食和“三电一机”的现代生活，开始有能力改善居住条件。首先是分期付款购买80—120平方米住房。同时，安装电热水器随时可以热水洗浴，安装空调获得反季节温度调节。

为何购买电热水器和空调需要较高的收入水平？关键不仅在于购买时的价格，更由于空调的运行费用较高，再普通的空调，每小时耗电也在1度，空调每天工作5个小时，每年工作150天，每度电费0.5元，则需要电费支出425元。电热水器每小时耗电在1.5度，每天保持加热状态，至少需要2度，每度0.5元，一年是365元。两项电费合计为790元。对许多月收入只有800—1000元的普通工薪人员来讲，相当于1个月的工资。

豪华标准——丰衣足食+三电一机+冷暖自如+豪宅名车

只有达到很高的收入水平后(至少年收入在10万以上),人们才能购买大面积住房(150平方米以上或50万元以上)和私家名车(25万元以上)。这样的住房和汽车,不仅一次购买成本高,使用成本也很高。和生活标准是可以客观衡量的一样,作为富裕生活重要标准的空调,也是有标准的。

根据《中华人民共和国房间空气调节器国家标准》,衡量房间空调器的标准有五项指标:

一、制冷量

制冷量是指空调进行制冷运行时,单位时间内从房间中排除的热量总和。

制冷量大的空调适用于面积比较大的房间,且制冷速度快。面积小的房间,可以选择制冷量小的空调。以15平方米的房间为例,使用额定制冷量在2500W左右(2200W—2800W)的空调比较合适。

朝向	东向	西向	南向	北向
每平方米需制冷量(瓦/平方米)	190	220	200	150

二、输入功率

即制冷消耗的功率,是指空调进行制冷运行时所消耗的总功率。在制冷量相同的前提下,输入功率越大,单位时间内耗电越多。国家标准规定,空调实际测试输入功率不应大于额定输入功率的110%。

三、能效比

能效比是指在额定工况和规定条件下,空调进行制冷运行时,实际制冷量和实际输入功率之比。这是一个综合性能指标,反映了单位输入功率在空调运行过程中转换成的制冷量。空调能效比越大,在制冷量相等时节省的电能就越多。

四、室内机噪声

空调运行时产生的噪声直接关系到空调用户房间的宁静与舒适程度。国家标准规定:额定制冷量在2500W以下的分体式空调,室内机噪声不应大于45分贝(dB),额定制冷量在2500W—4500W的分体式空调,室内机噪声不应大于48分贝(dB)。室内机噪声的标准技术应在空调器强制冷、高速下测得。

五、室外机噪声

室外机噪声过大不仅会影响室外环境和邻里休息,在一定程度上也会影响到室内环境。国家标准规定,额定制冷量在2500W以下的分体空调,室外机噪声不应大于55分贝(dB)。

标准空调的标准,具体体现为五条:

环境要健康

随着生活水平的提高,健康已经成为生活质量的核心构成。空调应该具有负离子、光触媒、等离子等,以此消除各种各样的空调病,给用户创造一个舒适健康的环境。

使用要省电

省电不仅可以极大地降低自己空调的运行成本,更重要的是可以身体力行地保护环境。

运行要静音

空调过大的噪声容易破坏心跳节律,使人精力分散、心情烦躁等。

启动要低温

在温度较低的情况下,空调的启动往往比较困难。而我国多数地区冬季气温在都在-10℃以上,故空调低温启动最低设定为-10℃。

配置要适可

空调的配置,主要指两个方面,一是空调制冷量与房间面积相匹配,二是功能与需要相匹配。

第二章　标准空调，重在细节

导购员可以不是空调专家，但是，作为顾客的导购顾问，只有掌握空调的参数、部件、功能、符号等，才能满足顾客各有偏好的需求。可以从粗细两个角度来掌握空调知识。

所谓粗，就是空调构成的框架结构知识，对空调有一个整体概念，以此体现系统性。许多顾客尽管也不是空调专家，但是，在挑选空调时，对空调也能够知道个大概，如果导购员对空调没有整体了解，也就无法对顾客进行顾问式的解说和建议。

所谓细，就是空调的各种细节知识。对空调的所有看不见的内在信息，顾客是无法知道的，也是最能引起他们兴趣的。导购员必须熟练掌握空调的细节知识。

第一节　标准空调的构成

一、空调构成

1. 热交换器

其主要作用是制冷剂在通过时与空气进行充分的热交换，利用空气的温差，使制冷剂汽化或液化。

制冷运转时，室内机的热交换器为蒸发器，室外机的热交换器为冷凝器；制热运转时，与之相反。

2. 压缩机

压缩机要对蒸发以后的制冷剂气体加压，通过压缩，使制冷剂处于高温、高压，且容易液化的状态，然后被送至热交换器（冷凝器或蒸发器）。因而压缩机可以说是空调机的心脏。

3. 毛细管

通过冷凝器后的液体制冷剂流过极细的毛细管时得到减压，由高压状态转为低压状态，从而在进入蒸发器后可立即汽化。

二、工作原理

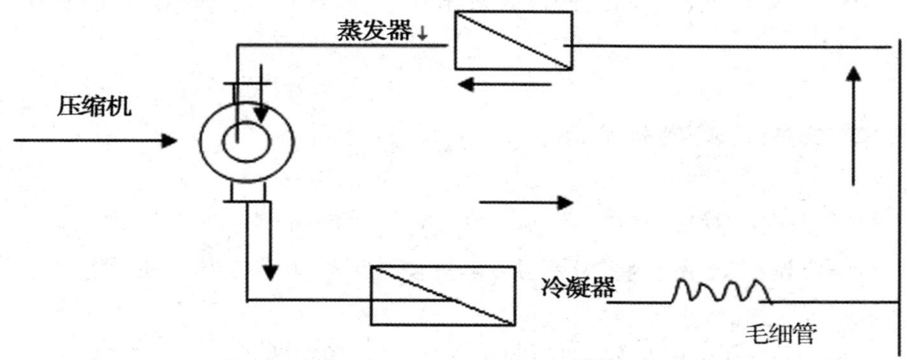

空调制冷原理，是利用制冷剂在封闭系统内流动，达到转移热量的目的。

空调制冷时：

第一步：制冷剂经过压缩机的压缩，成为高温、高压的气体流入冷凝器。

第二步：通过冷凝器的散热，成为低温、高压的液体，经过毛细管，毛组管的管径很细，起到降压、节流的作用，成为低温、高压的液体流入蒸发器。

第三步：由于压力降低，液体蒸发，通过蒸发器的翅片（翅片如同暖气的散热片，具有散热的功能），强烈地吸收室内的热量，达到降低室温的目的。

第四步：制冷剂流回压缩机，重新下一个循环。

空调制热时，循环方向与制冷正好相反，由压缩机流出的制冷剂先进入室内机的冷凝器，散发热量，达到高室温的目的，然后经室外机的毛细管再流回压缩机,完成一个制热循环。

三、空调的分类

1. 按主要功能分为:

①冷风型,其代号省略(制冷专用);

②热泵型,其代号 R(包括制冷、热泵制热、制冷、热泵与辅助电热装置一起制热,制冷、热泵和以转换电热装置与辅助电热装置一起使用的辅助电热装置制热);

③电热型,其代号 D(制冷、电热装置制热)。

2. 按室内机样式分为:

挂壁式、落地式、天井式、嵌入式及吊顶式等,其代号分别为 G、L、T、Q、D 等。

四、压缩机及电机介绍

1. 单转子压缩机

压缩空调的“心脏”,将制冷剂压缩,并使其流动,单转子压缩机只有一个转子。

它的缺点是:由于转子是偏心的,会产生一定的振动。

2. 双转子压缩机

在对称方向上采用两个转子,具有两个压缩室。

在压缩过程中,转子总是对称运转,抵消了偏心的影响,使运转更平稳、压缩机低振动,减轻了噪音。

由于两个转子同时工作,使运转效率更高。

3. 直流压缩机

指压缩机的电机部分,一般电机使用交流电,定子由交流电供电,产生变化的磁极,转子由于感应出电势及相应的磁场,在磁极的相互作用下,推动转子运转。

直流机的电机采用直流电机,使压缩机的运转更省电、更平稳。

4. 直流电机

直流电机有两种:

一种是转子由永磁铁制成,定子通入直流电,改变直流电的通电顺序,从而改变磁极的方向,根据同极相斥的原理推动转子转动。由于转子用的永磁铁质量要求高,因此,其造价也高。

另一种为定子采用永磁铁,转子通入直流电,改变直流电的供电顺序,达到使转子运转的目的。其造价较低。电源靠电刷向转子供电(一般玩具的驱动电机就是这种)。

澳柯玛变频空调室内风扇电机为直流电机,它采用直流无刷电机,即第一种。

直流电机的制造复杂,成本高。

直流电机的运转好,这是由驱动原理决定的。

直流变频电机是靠改变电机绕组的电阻或改变供电电压来改变电机的转速。其中后者调速需调压设备,价格更高。

五、双压机一拖二机型的特点

它采用两套系统于一个机体内,两套系统分别工作,互不干涉。

两套系统可单机工作,亦可双机同时运转,最大的优点是通过合理匹配,达到合理用电。当双机同时运转时,两套系统独立运转,互不影响,热效率高,不论房间大小,都可发挥最佳制热、制冷效果。最适合现代套二、套三型居室使用。

对于噪音问题,两个压缩机会产生一些共振,但很小,整机的噪音取决于合理的结构、工艺减振措施以及安装水平。

六、单压机一拖二机型的特点

单压机一拖二是指一台压缩机带动两台室内机。

优点:仅使用一台压缩机,节省了原材料并能满足不同房间的能量需要。

缺点:定速机由于受毛细管精度限制,会造成分流不均;压缩机一直以高效率工作,造成压缩机寿命缩短;带动一台室内机时,造成功率浪费。

七、变频机型简介

1. 什么是变频空调?

它是相对于定速空调而言,是指能够根据所设温度与室内温度的差别幅度,自动改变,从而改变制冷制热能力的空调。刚开机时,由于所设温度与室内温度差距大,压缩机高速运转,迅速达到所设温度,让人尽快享受清凉或温暖;而在达到设定温度时,又低速运转,从而又达到省电、恒温的目的。澳柯玛变频空调的变频范围要宽得多,使变频空调的性能全面提高得到更加突出的显现。

2. 交流变频原理是什么?

将220V交流电整流滤波成为直流电,再经过微电脑控制的变频器逆变成频率可以进行连贯变化的交流三相电供给压缩机使用。

八、空调参数知识

1. 空调型号表示

(1)K:房间空调器

(2)结构形式:F:分体式房间空调器　　C:窗式房间空调器

(3)功能代号:单冷型无此代号

R:热泵型　　Rd:热泵辅助电热型　　D:电热型

(4)特别功能代号:P:变频空调器(日本标注方式,如KFRP。而中国的标注方式是在最后面加BP)

(5)名义制冷量　　用阿拉伯数字表示,其值取制冷量的前两位数。

(6)分体式室内机组结构代号:

G:挂壁式　　L:落地式　　D:吊顶式　　Q:嵌入式

(7)分体式室外机组结构代号:

W:室外机

(8)改进型代号:分为A、B、C、D、E等。

特殊功能:变频的表示为BP,遥控的表示为Y(仅限窗机)。

如：LFRP－35GW 表示壁挂分体式变频房间空调器，制冷量为 3500W，是日本引进的变频机型，所以 P 在 R 后。

KFR－28GW/BP 表示壁挂分体式变频房间空调器，制冷量为 2800W，BP 标在“/”后面说明是我们自己研制开发的。

KC－32/Y 代表窗机、单冷、制冷量为 3200W，为遥控型。

2．“匹”（P）的含义

“P”是功率的英文单词“Power”的简称，国际上用“瓦”，是指制冷量，1P 约为 2500W。例如：

1.5P 是指制冷量为 1.5×2500≈3500W。

2P 是指制冷量约为 5000W。

3300W 相当于 3300/2500≈1.32P，也叫小 1.5P。

7000W 相当于 7000/2500≈1.8P，也叫小 2P。

大卡与瓦的关系：

1000W＝860 大卡，1 大卡＝1.16W

3．制冷量

指空调制冷运行时，单位时间内从密闭空间、房间或区域内除去的热量总和。单位：W。

名义制冷量与实际制冷量的关系

空调生产企业在生产一批空调时，尽管零部件规格相同，工艺相同，但其制冷量总存在细微的差异。为保证出厂产品能在一定范围内保持性能的一致性，各种规格、品种的空调产品，都确定一个统一的指标，其中，制冷指标称为名义制冷量。按照国家标准，空调的实际制冷量与名义制冷量之间，允许有误差，但比应小于名义制冷量的 95%。

房间面积与空调名义制冷量的关系

每平方米房间需要 150W 制冷量，用空调的名义制冷量除以 150W，即为该空调可调温房间面积的上限。例如：

KFR－26GW，名义制冷量是 2600W，2600W÷150W＝17（平方米）

在实际选择时，如房间面积确定，可以倒着计算所需空调的功率。例如：

12 平方米的房间，需要 12 平方米×150W＝1800W，1800W÷2500W＝0.72P，即小 1P。

考虑到实际制冷量小于名义制冷量，并考虑到房间的朝向和密封性，选择空调时，应大于计算值。如，12 平方米的房间可以选择 2000W ~ 2600W。

4. 能效比

在额定工况和规定条件下，空调器进行制冷运行时，制冷量与有效输入功率之(EEP)比。

EER = 制冷量/输入功率

此值是检验空调性能的重要参数，值越大，说明系统匹配越好，空调性能越优良，制冷效果越好，而耗电量也越小。

第二节　澳柯玛标准空调的特点与优势

一、材料及设备

1. 亲水铝铂

(1) 特点

铝铂用于制造空调的热交换器，制成翅片。

(2) 功能

是对铝铂进行亲水处理(上面镀一层亲水膜)，使水不会在铝铂上形成水珠，而是附在铝铂上，借重力流入接水盘中，空气得以通过缝隙，进行循环(非亲水性材料如同荷叶，会在上面形成水珠)。

(3) 好处

两大好处：

第一，铝铂的传热效果好，制冷效果提高 40%。

当制冷时，室内的蒸发器表面温度低，水蒸气会在上面凝成水珠，将翅片中的缝隙堵住(翅片单距为 1—2mm)，导致室内空气无法通过空调进行循环，影响热交换效率。

第二，空气交换通畅，噪音降低 60%。

当制冷时，室内的蒸发器表面温度低，水蒸气会在上面凝成水珠，将翅片中的缝隙堵住（翅片单距为1—2mm），导致室内空气通过空调进行循环时，产生噪音。使用铝铂则保证翅片缝隙畅通，不产生噪音。

澳柯玛空调采用的是进口亲水铝铂。

2. 内螺纹铜管

（1）特点

铜管安装在热交换器内。

普通铜管的内部是光滑的，因为热交换面积小，直流速度快，传热效率低。

澳柯玛空调热交换器中，使用高密度内螺纹铜管，内部如同螺帽丝的内螺纹。热交换面积扩大50%。

（2）功能

增加了制冷剂的扰动流速（如同枪膛内的来复线），减少能量损失，使内螺纹管的传热效率比传统光管提高69%。

（3）好处

两大好处：

第一，使制冷、制热速度提高30%，进家门后很快享受到舒适温度。

第二，节电效果提高40%以上，少花钱多享受。

3. 热镀锌钢板

（1）特点

一般空调采用的钢板分三种：冷轧板、电镀锌板及热镀锌板。

澳柯玛空调，室外机壳体均采用国内名牌产品热镀钢板。

（2）功能

热镀钢板是将钢板用特殊的工艺方法，使锌渗进钢板表面，形成一层镀锌膜，处理后的钢板更加耐腐蚀。

在热镀钢板加上精致的表面喷涂、烧结技术，表面形成类陶瓷层。

（3）好处

风吹雨淋，永不生锈。

4. 氦检漏仪

（1）特点

澳柯玛空调的氦检漏仪是从日本进口的。

氦检漏仪是当今世界最先进、最精确、最昂贵的空调泄露检测关键设备。

它有一个腔体，首先将蒸发器（或冷凝器）充入高压氦气，密封，放入腔体内，将腔体密闭，内有高精密的检测仪器，探测腔体内氦分子的浓度，超标将发出报警。

小空调厂根本买不起，只能像补自行车车胎一样，用水或用氮气检测。

（2）功能

它能检测出 0.1 克的制冷剂泄漏量，确保出厂空调泄漏率指标百分之百地达到最高级标准。

（3）好处

确保制冷剂不泄露，使空调制冷效果持久。

二、澳柯玛空调性能

1. 万向送风功能

（1）特点

室内机的出风口有两片横向风叶，由一个电机带动。内部有两组纵向风叶，分别由两个电机带动。

（2）功能

三个电机同时转动，使风吹向房间的各个方向，达到均匀送风的效果。

（3）好处

使整个房间整体感觉舒适。

2. 并用节电功能

（1）特点

澳柯玛空调独特的并用节电功能，通过限制最高运转功率来限制空调的耗电量。

（2）功能

启用并用节电功能后，微电脑将控制空调器的运行，通过严格限制压缩机的最高转速来限制空调器的最大耗电量，这时空调器的最高耗电量只为最大耗电量的 33% 。

(3)好处

保证安全运行不跳闸。

在电力供应情况不良,或家里有电热水器等高耗电的家电同时使用时,也不会造成电线或电表的过负荷,可以使空调器安全地运行,免去了经常跳闸断电或经常烧断保险丝带来的停电之苦。

3. 除湿功能

(1)特点

启动除湿功能后,室外机照常工作,而室内机风扇低速转动。

(2)功能

室内机风扇低速转动,使蒸发器温度降得很低,空气中的水蒸气,接触蒸发器时,遇冷结成水珠,水从排水管流到室外,达到除湿的目的。

(3)好处

第一,减少细菌繁殖。夏季天气炎热、潮湿,会滋生细菌,除去多余的水分,很有必要。

第二,加快衣服的干爽。

4. 人机对话功能

(1)特点

在室内机本体和遥控器上,各装一只室温传感器。

(2)功能

遥控器不断地采集周围环境的温度信息,每隔三分钟,遥控器向主机发射一次信号,经微机处理后,控制压缩机的运转,从而实现了对周围环境的不间断控制。

(3)好处

第一,提高用电效果,省电25%。

第二,与万向风向结合,房间温度均匀,感觉很舒适。

5. 室内机静音化设计

(1)特点

室内机中,当空气通过格栅,流经机框,风扇等会产生噪音。澳柯玛采用大口径声波焊接的贯流风扇,结合空气动力学理论,采用流线型出风口,使整个空气流通通道更顺畅。

(2)功能

将噪音降低到30dB。

(3)好处

作为背景声音,30分贝感觉很舒适,入睡快。

6.停机除霜功能

空调制热时,由于室外热交换器温度低,外面的水蒸气会凝结成霜,附在热交换器上,阻碍热交换。

空调除霜有两种方式,一种为停机除霜,一种为不停机除霜。

停机除霜:除霜时,空调制热停止,空调运转相当于制冷,升高室外热交换器的温度,将霜融化,达到除霜目的。

不停机除霜:除霜时,空调制热不停止,有独立的除霜系统。

如下图所示,除霜时,A阀打开,对从压缩机流出的制冷剂进行分流,一部分直接进入热交换器,由于此时进入的制冷剂为高温高压气体,可以达到除霜目的。

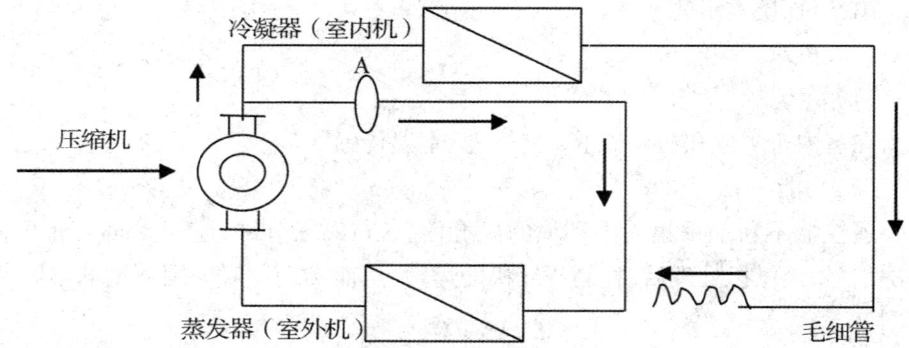

7.冷风功能

当空调制热刚启动时或除霜时,如果风扇运转会吹出冷风,使人感到不适。为避免这种情况,此时,室内机风扇停止转动,防止冷风吹出,当上升到一定的温度时,正常运转。

8.睡眠功能

(1)特点

如果设定制冷温度是24度,当启动睡眠功能后,温度会自动上调4度,入睡后,控制室温在28度。

(2)功能

当人处于睡眠状态时,过高或过低的温度,都不舒服。

制冷时温度上升 1 度或制热时下降 2 度都会节电 10%。

(3)好处

第一,保证入睡后,温度控制在最舒服的程度。

第二,达到 30%—40% 的省电效果。

9. 多重防护手段

(1)防霉过滤网

①特点

经过防霉处理。

②功能

一是能吸附房间棉绒等较大纤维飘尘;二是吸附后不发生霉变。

③好处

房间没有飘尘,家具不用经常擦。

一层防霉　　　　三重高密度过滤网

二层除尘除味　　高效、强力杀菌除尘

三层去毒去味　　可除去 0.01 微米细小尘埃

	粉尘	一氧化碳	二氧化碳	氨	细菌
澳柯玛过滤网	68.9%	53.1%	26.2%	51.9%	90.0%
日本过滤网	65.7%	46.8%	22.6%	43.5%	89.7%

(2)高效空气清新过滤器

①特点

由聚丙烯驻极体纤维过滤网与活性炭纤维组成的。

②功能

一是静电除尘,驻极体本身带电,为负电,而尘埃多带有正电荷,与驻极体电荷中和、沉淀。这种除尘方式能去除 0.01 微米的细小尘埃。

二是活性炭除尘,将悬浮在空气中的花粉、烟雾颗粒等物质大量吸入,附着在过滤网上和吸附于活性炭中。

③好处

第一,除尘效果提高70%,房间空气像森林里一样清新。

第二,杀菌作用效果提高80%,健康家庭。

(3)光触媒过滤器

①特点

光触媒是新型高效过滤网材料,由活性炭和光敏剂组成。

②功能

第一,活性炭具有极强的吸附作用,能吸附灰尘、花粉、烟雾颗粒等。

第二,光敏剂是由多种催化剂复配而成,分解有害化学气体,如苯、氨、醛类等。它能利用空气中的紫外线,将与其接触的有害气体催化、分解成无毒、无味的气体,而本身不改变。

第三,杀灭细菌。这主要是由于单个的细菌对人体不会造成危害,它们大多组成细菌团,使其分解成单个的细菌,并极大削弱细菌的活性,使它对人体无害,也就起到了杀菌的目的。它还能将甲醛和氨分解成为水和二氧化碳。

③好处

第一,净化房间装修产生的有害气体。

对于新装修的房间,各种装修材料、胶合板、油漆、黏合剂等都会挥发出有毒气体苯、甲醛、氨、酮、甲硫醇等。醛类是致癌物质之一,苯、氨对呼吸道有强烈的刺激作用,会引起呼吸道疾病。这些物质尤其对孕妇、儿童的危害更大。

第二,重复利用,拆洗方便。

光触媒过滤网可以再生,一般使用3—6个月后,曝晒6—7小时即可,并可重复利用6—8次。

第三,长期净化,减少感冒。

对家庭中的烟味、饭菜散发出的酸臭味、宠物散发的异味,光触媒都能有效发挥作用,去除这些有毒气体及房间异味。

项目 \ 材料	纤维状活性炭		光触媒	
	净化率	工况	净化率	工况
尘埃颗粒	69%	40min	92%	40min
氨	52%	40min	97%	5L
细菌	90%	40min	缺	
醛	缺		94%	5L
酸	缺		97%	5L
利用次数	1		6(性能保持78%)	

10. 负氧离子空气净化器:

(1)特点

应用高压放电原理,在两极间形成高压,利用尖端放电,产生大量的电子。使室内负氧离子浓度高达每平方米75万~100万个,相当于森林的标准。

(2)功能

第一,强化除尘。当电子与灰尘、花粉、烟雾颗粒结合时,使微粒带电,被过滤网吸附。

第二,灭活细菌。当与细菌结合时,使细菌失去活性,起到杀菌的作用。

第三,产生负氧。当与氧气结合时,形成负氧离子。形成负氧离子是负离子发生器的主要功能。

(3)好处

第一,充当保健医生。

负氧离子浓度的高低,对人体的健康影响很大。负氧离子被人体吸收后,能使人呼吸均匀,精神旺盛,血压降低,脉搏跳动减少,基础代谢增加,人体免疫功能提高,并具有镇咳、镇静、利尿等功能。

原理是:一方面人体内有多余的阳离子,且阳离子多为金属离子,阴离子进入人体后,与体内的阳离子中和,加速了代谢。另一方面阴离子本身也具有活化细胞的作用,由此大大提高工作和学习效率。这也就是人在森林里、瀑布边、山谷中感到清新的原因。

负离子在不同环境里的数量:

区域	山谷、瀑布	乡间旷野	城镇街区	密闭室内
负离子(个/m^3)	2万以上	750~1000	100~200	5~20

第二,长期保健。

负离子的“寿命”很短,大约几秒到几分钟,就会与空气中带正电的离子结合成中性人子,因此,负离子发生器要有足够功率,才能满足房间需求。澳柯玛活性氧负离子净化的功率为:3.4±0.5W

(4)缺点

第一,由于使灰尘带电而极易吸附在空调上,造成空调的污染。白空调变成了黑空调。因此,澳柯玛空调只在柜机中装有离子净化器,以保证功率足够大且柜机便于擦洗。不开机也能享受健康。

第二,柜机打开送风时,高速电子会将氧分子分解成氧原子,氧原子与氧分子结合,成为臭氧,臭氧较多会影响健康。

11. 光触媒与负离子净化器的主要区别:

(1)光触媒的主要作用是催化、分解空气中的有毒气体,清新空气(有害气体来源于家庭装修材料及室外的工业污染)。

(2)负离子净化器的优点在于产生负离子,负离子对人体非常有益。从这种意义上讲,负离子能创造健康。

其他次要区别:

除尘:光触媒靠内部的活性炭吸附灰尘、烟雾颗粒等。负离子净化器产生电子,电子与灰尘结合,使其被吸附、沉淀。

杀菌:都是将细菌团分解为单个细菌,削弱细菌活性,杀死细菌,起到杀菌的作用。

除异味:异味多为不稳定的有机分子,光触媒将其催化分解,成为无味的气体。而负离子净化器利用高速电子,撞击有机分子,使它分解,成为无味的气体。

12. 辅助电加热:

(1)特点

柜机的室内机和室外机是加装PTC发热材料式电阻丝。

(2)功能

冬季室外温度太低时，影响空调制热效果，制热慢。当启动制热时，启动电加热装置，既能迅速制热，又能使空调正常运转，当达到一定温度后，电加热停止，而温度相差较大时，又会启动电加热。

(3)好处

第一，随时启动。冬季室外温度太低，也能按照需要随时启动。

第二，升温迅速，使室内温度迅速达到设定要求。

13. 超级软启动

空调刚启动时，定速压缩机的瞬时电流一般为正常运转的5—7倍多，如果此时家庭中电力负荷较重，极易引起开关保护跳闸。而我们的变频空调，刚启动时，以低电流启动，此时电流仅为正常运转时的一半，从而保证整个电路系统的稳定。

第六篇　导购实战

第一章　导购案例分析

案例一

前不久的一天,店里来了一位顾客,穿着大拖鞋,旧裤子,我感觉他就是来凑热闹的,没抱希望,也就没有主动招呼他。

他在店面里转了一圈,开口问我一款瓷片的价格,我随便讲了一下,看在他是顾客的份上,我给他介绍了我们瓷片的产品特征、价格优势等,并拿了一款产品和其它产品通过试水实际操作来验证。此时他说了声"价格太高"就转身要走,说再到其它店面看看。

我做出恭顺的样子给了他一张名片,最后还装腔作势地微笑着向他要电话:"公司有团购活动或其它活动时,我们就可以给您电话或短信了。"我心想,即便他不会买太贵的东西,可也说不准会抓到一个救命稻草呢?

他很配合,留下了电话。

过了几天,公司有个小区活动,我不经意看到了他的电话,要不试试?于是给他发了一条信息。没有想到的是,他还真的来了,还带着他的家人,他拿出来的那张平面图让我傻眼了:那是本市最好地段里的一个楼盘,面积是近400平方,基本上算是一个小工程了。

于是我对空间搭配,色彩布局等方面细心讲解,他的家人显然对我们的产品和价位十分满意,他们最终定下了我们的瓷片和地砖。

要是我当初表现出轻蔑和不屑的态度,这单生意恐怕早就黄了。

【分析】

很显然,案例中这一单交易的成功,不是因为导购的努力促成的,而是因为顾客的特性而成交的,是顾客对产品进行判断的结果(顾客看完我们的产品之后，又对比了其他产品）。如果这位导购能够对进店的顾客提供更加专业服务、诚恳的态度，成功的可能性或许会更大。

从店内交易来说，这位导购在小区推广时给顾客发了个短信，是本次交易的关键。如果这位导购没有发这个短信，而是其他品牌的导购发了短信呢？或许就是另一种结果了。

【提示】

都说销售人员一定要学会“察言观色”，要能通过顾客的“穿着打扮、举止神态、语言修饰”方面来判断顾客的购买行为特征。这话不错，但要抓住其中三点精髓：

★购买力和购买行为特征不是相同的概念。我们要判断的是顾客的购买特征，而不是购买力。

★衡量顾客的购买行为特征要和特定的产品联系起来。

★“察言观色”得到的顾客购买行为特征和购买行为没有直接的对应关系，因为每个人的分析不同，得到的结果也有不同。比如仅仅认为穿着随便的顾客一定不是高消费人群，可能得到让人啼笑皆非的结果。所以，以貌取人不可取。

顾客进店多是有目的的，或是购买，或是购买的参与者，或是信息搜寻者，每一位都值得重视。

案例二

上午来过的一对小夫妻，手里拿着名片又找回来了，这是好征兆。

女顾客一进门就说：“累死我了，我可不想再溜达了。”我一看，机会不容错过。他们第二次过来，说明他们还是比较看好我们的产品；而女孩子已经很累了却还要过来，购买信号十分强烈。

他们上午过来时，在这里看好了两款产品，只是嫌价位高，两个人轮番跟我“磨价”，没能谈拢。男顾客说是要给丈母娘家里装修，以表孝心，所以要买质量好又美观的瓷砖，但是价位不能太贵，“刚结婚，手头不太宽裕”。

这次他们一进来就冲着上午看好的那两款产品直奔而去，我只能跟在他们后面，刚堆积起的微笑表情也没来得及发挥作用。

男顾客一开口还是和我谈价位的事情，其实我真想给他们再稍微降一点，但他们上午已经把价位降到最低了，没有了再降的空间。所以，我决定不再跟他们谈价格，而是把他们请到休闲区，对他们说："您们先休息一下。我先查一下库存，确保了有货，我们再谈好不好？"

我走到前台，随手翻了一下库存，对前台的同事挤了一下眼睛，说："这一款不是还有200多箱吗？怎么没有了呢？"

前台的同事说："20分钟以前有一位顾客叮嘱让我们留货，在留货单上可以看到。"

男顾客显然听到了我们的谈话，他一下子站起来了："不会吧？"

这时候，前台的同事告诉我："刚才那个客人让留货200箱，但是他没有交定金，另外，他说要回去拿平面图，我估计他用不了那么多的。"

男顾客插话说："既然没交定金，那就不算订货，我这里有平面图，你看看需要多少砖，我现在就交定金。"

前台的同事看看我，脸上显出为难的样子。女孩子马上从包里拿出钱说："哎呀，就这样了，快给我们算算吧。"

我没接她的钱，继续问我前台的同事："公司下批订货是什么时候？"

同事告诉我，他刚写了单子，新货估计要10天以后可以到。

"这样应该可以，"我一边接过来女顾客的定金，一边对同事说："能不能先给他们开，新货来的时候，再给那个客户，毕竟还没交定金嘛！"

小夫妻的眼睛都盯着我的同事，同事有点难为情，我说："就这样定吧，到时候我负责给那个客户解释，再说了，现在还不知道面积，他十天之内肯定铺不上砖的。"

看着他们远去的背影，我跟同事都笑了。

【分析】

一般来讲，认为价格高而离去的顾客，在第一次离开之后肯定进行了多方比较，在他们二次进店之前已经锁定在有限的几个品牌上了。这次导购的成功，正是因为成功地抓住了顾客的这种心理。

为此，导购没有将争论定在已经没有下降空间的价格之争上（这时的价格之争只会陷入抬杠的僵局，决不让步还会让顾客产生失望、抵触情绪，打击购买热情），而是把注意力转换到了库存的多寡上，而这一转换，就意味着导购在另一个话题上掌握了主动。

顾客心理告诉我们，顾客越不容易获得的东西，顾客就越想得到。尽管导购也不清楚仓库里到底还有多少存货，可能还有几百箱、几千箱，但这不重要，重要的是怎么让顾客相信你马上就没有货了，怎样让顾客的需求变得更为迫切，从而淡化在价格上的争论。

【提示】

导购是一种处理顾客异议的技巧，也是一种与顾客沟通的艺术。导购不到位或者过度导购都将无助于导购的顺利进行，甚至导致导购的失败。

既然是与顾客沟通，那就要即时掌握顾客不断变化的情绪，从而引导顾客的需求，安排最恰当的顾客说辞，最后达成销售。

当然，案例中的两名导购，都是很称职的演员，相信他们在平时进行过此类“节目”的排练，确保了整个“表演”顺畅而不造作。

案例三

一天都在下雨。突然，进来一对年轻夫妇，我迎上去帮他们开门。

“您好！选点什么产品呢？”我尽量保持一种职业的和气。

顾客的脸上没有任何表情，也没有看我，只说了句：“哦，随便看看。”

我只得又没话找话：“装修真不容易啊！工期赶着，什么天气都要出来买材料。”这句话好像有点效果，顾客点点头说：“是啊！都转好几家了。”

“都转好几家了”，这可是个不错的信号。我马上接着问：“那应该对想要的产品风格和价位有谱了吧？”

顾客却说：便宜、干净一点就行。

这时候，那个女顾客突然问了一句：“你们不是名牌吧？好像都没听说过！”

终于接触到实质了。我知道，从现在开始的每一句话都有可能影响他们的购买决定。顾客之所以这样问，是对产品的质量寻求一点保证，我还不能明明白白地反驳他。

我笑着回答她：“没听过很正常，我没买陶瓷的时候，我一个陶瓷的品牌都不知道；谁要是不装修，谁也不会关注这些。其实我们品牌在全国，特别是在北京都属一线品牌，首都机场、地铁5号线都是用我们的砖。”

女顾客不说话了，但她的眼神透露出了一些认同。这时男顾客说：那我们就好好看看！

顾客走到一款卫生间的样板间时，我指着那一款说：“您看看这款，用在卫生间里特漂亮，既简洁又大方，而且还不失格调，最适合家居使用了。”

“啊！每平米竟然是75元，价格太贵！我们不要。”女顾客对价格的反应比较强烈。

我马上说：“相对来自山东和四川的瓷砖来说，这个价格可能高了点，可是，瓷砖是贴在墙上的，要是不好，您想换都换不了，所以自家装修，质量最好不要打折扣。我们墙砖的釉面，全部都是进口的，而且加厚，高密度不透水，您可以摸下这个釉面，手感很细腻光滑，保证您用着放心！”

男顾客还真伸手摸了几下。我知道他跟本摸不出来。

女顾客：“嗯！你们这砖是不错，就是价格我们承受不了！”

这时男顾客问：“你们负责送货吗？”

男顾客这句话让我认识到，他们的意见并不统一，而且这位男顾客显然并没有将价格作为第一考虑要素，他也相对更容易突破。但是我不能马上满足他的要求，因为好处要一点一点地给。

“负责送货，但不负责搬运，都是这规矩，”我回答说，看到他们脸上出现顾虑，刚要极力反对，我马上跟上一句：“其实小区周边有很多扛活的工人，您们也不费事。”

男顾客点点头，最后说：“你给我们一个最低价，合适我们就定，不行就走人了。”

我回答说：“价格不能再低了，但是我可以申请给您送货到家，这样您也能省个几百块钱的搬运费（其实只有不到一百元），这样您每平米也省了不少钱呢！”

顾客这回不再犹豫了：“那就定吧！不过你可一定要保证质量啊！”

我说：“没问题！您就放一百个心吧！做生意就得讲究信用，我给您们签份合同单……”

【分析】

导购的过程就是解决顾客异议的过程。这个导购遇到了两个问题：顾客对品牌的异议和对价格的异议。

在瓷砖等耐用消费品行业，品牌在非专业的顾客眼中往往是质量的代名词，顾客对品牌的异议，实质上就是对质量的潜在担忧。所以，你要回答两个问题：一是我们的品牌为什么好；二是我们的质量为什么好。如此才能让顾客真正满意。

这位导购就处理得很好。首先，他承认了顾客的观点，取得了心理认同，接下来讲了一些具有较大影响的工程案例，意在说明“我们的品牌在全国特别在北京都拥有较高的知名度”，这是典型的专家论证办法。

其次，他延伸开去再谈产品的质量，用了实验的办法（到样板间看产品），这是对品牌概念的深入论证，同时将消费者关注的各方面一一解释给顾客。

很显然，这招管用。

导购在处理价格异议时，并没有被顾客牵着鼻子走，而是将男顾客作为突破口，采用“大棒加胡萝卜”方式：先告诉顾客价格不能降，货也不能送到家。等顾客将异议聚焦在配送条件上时，再把原来该给顾客的部分让出去，最终顺利成交。

【提示】

任何人都需要认同，顾客也是。先承认客户的观点，然后逐一解释，这种“合一架构法”是导购常用的技巧。

陶瓷行业是一个低关注度的行业，顾客不专业，所以，相比我们单调的说服而言，他们更相信专家和证明；顾客需要学习，巧妙的比喻会比生涩的专业术语更见效果。所以，单一的说服策略难以凑效，多样化的说服策略往往事半功倍。

案例四

当客户走到 SL 产品的样板间时，从表情上就能判断出她很喜欢它。

我对她说：我们的墙砖都是不透水的，而且是三次施轴，我们是第一家做出来的，至今也只有几家能做到。随后，我又给她做了个透水的示范，她似乎很满意，不过她没有把话题停留在这一款上，而是问：“你们家的地砖哪一款卖的比较好?”

这给我了一个信号：客户不仅要瓷片，还要玻化砖，客户很可能需要装修房间的整体解决方案。

我把客户带到 HV 系列那里：“这是我们 2008 年的主打产品，这款砖是魔术工艺加七次布料，是仿天然石材……铺在家里特别显档次，要不我给你放在地上让你看看。”

客户说：“真的很漂亮。”

我看客户有点心动，说："您有面积没有，我帮你算算，看看总造价是多少。"算完造价是15000，客户看了一下说太贵，问能不能便宜点。

我走到前台假装请示经理，然后转身对客户说：我们公司有个金卡价格下调五个点，之后是14250元。

顾客看了看我说："你再申请一下。"

我说："我们本来是诚信实价，能下五个点是因为经理在这里。"

客户想了一下，随后就定单了。

【分析】

这单生意的成功有巧合因素，这次导购过程存在诸多败笔。

1. 客户首先对产品的花色产生了兴趣，而且，她同样重视产品的质量。如果她只重视花色，而对质量问题漠不关心的话，那么，该导购讲的所有关于产品质量的内容都成了废话，毫无意义。因为这位店员没有围绕客户所关心的重点进行说服，这是一个败笔。

2. 顾客对品牌情况已经有了大致了解才促使了最终成交。如果不了解，她不会对产品的花纹马上产生认同，也不会认同店员做的产品试验。所以，顾客来店前可能已经想好了要买哪个产品，而导购成交也有碰巧成分。

3. 至于导购假装向经理询价，如果这位经理就是店面经理（而不是临时的经理"替身"），那么，一旦这个顾客直接走上去找经理要折扣，必然将经理逼得无路可退。

所以，一个成功的销售案例，并不是以顾客成交作为衡量依据的。能够审时度势，根据顾客的购买规律和需求变化，给以机动灵活的应对，以专业的服务方式和态度赢得顾客，才算得上是一次成功的成交，这也才能证明导购的素质是过硬的。

【提示】

一单生意成功了，我们可能会为之欣然，但是，如果我们回忆细节就会发现，生意的成功往往不仅仅是我们店员的因素，而是多方面因素合力的结果。实际上，所有的营销策略以及环境因素都在对顾客的购买起着潜移默化的作用，如果合理利用这些因素为我们的说服策略服务，将能起到事半功倍的效果。

第二章 常见问题处理

在柜台导购中,有两个常见的问题,即导购员介绍后,一是顾客常问还能打折吗?二是顾客说谢谢,我再看看。以我们现场观察到的电动车导购实例来分析,如何应对这两个高频出现的问题。

实例一:一位40岁左右女性,到某电动车门店,与导购员的沟通过程如下:

导购员:看电动车吗?喜欢什么颜色的?

顾　客:先看一下(逛车中……)。

导购员:看好这款了吗?这是小羚羊的,造型比较时尚。

导购员:那边还有依莱达的。

顾　客:我先看看,这边不打折吗?

导购员:不打折。

顾客走了。

遇到这样的顾客,导购员应该如何应对,才能提高成交率呢?我们认为,当顾客问导购员能否打折时,有三种可能,一是价格超出了购买预算,但不好意思直接说,就问能否打折,如果导购员说不打折,正好是走的理由;二是别的店有打折的,你不打折顾客就到打折的店去;三是不信任你的价格,别的店都能打折,你为啥不打折?

问题是导购员不知道每个具体顾客会是那种情况下。因此,当面对顾客问是否打折时,不能简单地说不打折,而应该说:我的权限就是这个价格,这样吧,您看好哪款了?先试试,如果觉得好,就请您等一会儿,我找我们经理,给您争取一下。然后,根据顾客现场反映,推介两款,告诉顾客这两款销售很好,返修极少。这样一来,顾客就不好走了。然后,不一定去找经理,导购员可以离开一会儿,回来后,对顾客说:真对不起,我们经理说这个已经是最低价了,不能打折了,但我能给您赠品啊。

实例二:一位30岁左右的女性,走进某电动车门店,与导购员的沟通过程如下:

导购员:您好,喜欢什么款式的?

顾　客:这款感觉小巧玲珑啊。

导购员:对啊,适合女性骑,有红色的。

顾　客:阿米尼的比其他的贵好多啊!

导购员:我们质量有保证啊,骑十几年没问题的,只要按时更换电瓶就行,其他的没什么毛病的。

顾　客:能加到多大的速度啊?

导购员:一般骑到20多迈就可以了,动力很大,轻轻一转就可以提速。转数是半码的,不用转到底。

导购员:这款也不错,稍微便宜点

顾　客:那款不好看,太大了,不方便,我再看看吧。

等导购员介绍了半天,顾客轻轻一句话,我再看看,就离开了。很多导购员的业绩不高,在很大程度上,就是没有处理好这个问题。当顾客说"我再看看"时,并不是对现在看到的产品不了解,而是对导购员介绍的内容发生了疑问,尤其是当导购员向顾客传递了专业术语之后,顾客感觉到自己接受了新知识,但不能验证自己所接受到的新知识是否对,于是就产生了到别处看看的心理。

在上面这个导购案例中,导购员存在两个值得改进的地方:第一,向顾客传递了"转速是半码"的专业术语,这不是顾客能理解的,也是顾客不关心的,因为顾客没有进一步求证下去;第二,导购员说"这款也不错,稍微便宜点",有可能给顾客的暗示是:你没钱,从而间接的伤害了顾客。

当顾客提出"我再看看"离开时,导购员没有下文了,遇到这种情况时,导购员可以这样说:再看看是对的,要是我,也要货比三家。不管您看好了那家的,您可以再回来,我帮您参谋参谋,这周围几家店我们之间都很熟,能帮上您点忙,我也很高兴。当顾客表示要再看看时,作为导购员唯一追求的,就是设法让顾客能够再回来,只有再回来,才有争取的可能。

通过上述两个导购实例,可以看很出,这两个导购员存在的一个共同问题是太直接,缺乏一个与顾客沟通的前奏。面对顾客,这两个导购员都是直奔推销主题，而忽视了人和人之间的情感沟通。为此，我们提出了快乐导购的前奏三要点，即见到顾客后，不要直接推介产品，而要先做到取悦于人、取信于人、取债于人。

所谓取悦于人，就是让顾客开心，为此，需要采取三个措施：一是诚挚的微笑，尤其是眉开眼笑，带给顾客的是真诚，而不是应付或冷漠；二是赞美，根据顾客的衣着打扮、服饰发型等，给予赞美，赞美永远是让顾客开心的事；三是赞同，对顾客提出的异议，先表示赞同，然后再转换。例如，在第二个导购实例中，当顾客说“那款不好看，太大了，不方便，我再看看吧”时，导购员应当接着说：您说的对，是有点大，您看，这款就比较轻便些。

所谓取信于人，就是让顾客相信你，如果顾客不信任导购员，导购员就是失败了。如何让顾客信任你呢？其实很简单，帮助顾客做点事，因为每个人在潜意识里，都记得父母从小的告诫：是否信一个人，不要看他说的，要看他做的。因此，导购员在接待顾客的开始即前奏阶段，就要通过向顾客提供一些服务，取得顾客信任。在柜台前，可以采取个措施：拿把凳子，对顾客说：走累了吧？先坐下休息一会儿；然后，问顾客是否带水杯了，如顾客自己带水杯，给他加水，如果顾客自己没有带，则用洁净的杯子，给顾客倒杯水。

作为导购员，取信于人的还有一个有效做法，就是走访或回访老用户。老用户的口碑传播的精确度非常高，但是，很少有导购员主动走访或回访老用户，有不少导购员说时间不够，其实利用短信、电话，都是在导购空隙见缝插针的问候老用户。

所谓取债于人，就是让顾客欠你的，在柜台短暂的接触过程中，让顾客欠你的最好的办法，就是赠送小饰物，尤其是儿童喜欢的小饰物，如钥匙扣、卡通、头饰、贴饰等。顾客进来后，经过前两个环节后，可以边唠家常、聊天气等，可以不经意的把预先准备好的小饰物拿给他，并加一句这是我们给进店顾客的礼物，交个朋友呗。

通过这三个措施，可以极大的提高顾客成交率。

第三章 情景模拟

终端导购,是企业销售、完成价值转化的临门一脚。如果,你想要提升转化率,提高出单率,那么你必须亲手操刀,把所学的案例熟记在心,运用导购问题处理利器,建立自己的导购文案,并将导购文案转化为营销额这一核心命脉。这样才能驰骋于商场,无所畏惧,创造导购的美好事业。

情景模拟演练程序的设计,是把市场训练转化在课堂具体教学环节中如何进行角色演练、演练讨论、演练评析、演练改进等具体的操作上。本章是精确导购实践的设计,完成模拟文案之后,进入亲自实践过程,为此,设计了各种实践的导购情景,要求按照情景内容,各自设计的文案进行实践演练,根据考核标准进行小组评价。

情景 1

品牌:鳄鱼男 T 恤

时间:7 月 15 日

地点:贵和购物中心 3 楼

导购员:一女子身高 160CM 左右,编号:30513

顾客:三男,一人身高 1.75 米左右,俩人身高 1.85 米左右

情景:从旁边华伦天奴进入本柜台经过与导购的协商后以 9 折价格买下 8 件。

导购员:欢迎光临鳄鱼服饰。

顾客 1:这里衣服挺多,看一下,小姐这个衣服打折吗?

导购员:对不起,先生,不打折。

顾客1:多买也不便宜?批发呢?

导购员:您想买几件?

顾客1:买8件。

导购员:那最多可以打9折

顾客1:不能再便宜?

导购员:打9折,我也得和经理商量一下。

顾客1:来,我们每人试一件,剩下5件,拿回去给他们(在试衣)

顾客2:小姐,这个是什么料子的?

导购员:丝光棉的,吸汗透气性又好,而且这些都是今年新款。

顾客1:多少钱一件?

导购员:原价847元。

顾客1:好(缴款)

导购员:欢迎再次光临。

汇总:导购员在服务好的同时看到顾客的购买量大,又用稍微打折的方法吸引顾客,这是一种非常好的导购方式。

情景2

品牌:苏格兰飞人

时间:7月17日

地点:澳德乐

导购员:女,1.60米左右,身穿浅灰色套装,中专学历,编号30340

顾客:男,1.83米左右,25-28岁,一身休闲打扮

情景:在展台外浏览后,直接进入衬衫一边,试穿两件后购买

导购员:欢迎光临

顾客拿下一件红色短袖衬衫。

导购员:先生,喜欢可以试一下。

顾客看试样。

导购员:没关系,喜欢可以试一下。

顾　客:这颜色有点太红了!

导购员:年轻人就要穿的艳一些,这样显得有精神,再说这样式刚上市,很新潮的。

顾　客:(试穿)有点大!(跟朋友讲)

导购员:像这种天气,里面穿一件白色T恤,搭配起来很漂亮的。

顾　客:这是多大的?再换件小的。

导购员:这是185的,我再给你拿件180的。

顾客试穿。

导购员:这件大小正合适!

顾　客:你看怎么样?(问朋友)

顾　客1:不错,挺精神的!

顾　客:小姐给我装一下!

导购员:欢迎下次光临!请慢走!

汇总:本导购员抓住了青年人受外界影响大的特点,进行劝购,做到了对不同顾客群实施不同的导购方式。

情景3

品牌:玫而美女装

时间:7月24日

地点:贵和购物中心二楼

导购员:女,年龄23岁左右,大专学历,从事导购工作2年

顾客:夫妻俩和一个同事,夫妻年龄40岁左右

情景:从其他展台来到此展台

导购员:欢迎光临。

顾　客:来到此展台转了一圈,老公和同事坐下来休息。

顾　客:我试一下那个蓝色的短袖吧。

导购员:好的。把衣服找了个合适的交给顾客。

顾客试穿照镜。

顾　客:还可以,这个有没有裙子啊。

导购员:没有。这是真丝的,穿起来挺舒服的。

顾　客:要不我试一下刚才那个休闲的。

导购员:那个没号了。

顾　客:我试一下吧,(试),这个倒是挺舒服的。

顾客丈夫:太没形了,不好看。

导购员:要不您再试一下这一套吧。

顾客丈夫:挺老气的。

导购员:不老气,这个挺职业的。

顾客试穿、照镜。

导购员:这个体形挺好的。

顾　客:拿这一套吧。

汇总:当顾客选好了衣服后,你应该尽量第一次给顾客拿一件合适的号,因为先入为主,如果号挺合适,穿上去挺合身,她往往就可能购买。

情景4

品牌:美的空调

地点:德百

时间:7月26日

导购员:女,30来岁

顾客:一对夫妇,40岁左右

导购员:欢迎光临,美的空调。

顾　客:小姐,这是多大的啊?

导购员:老师,你的房间多大的啊?它是适合18到25平方的。

顾　客:25平方左右的,这行吗?

导购员:行,这是一匹的。

顾　客:那款怎么样?是几匹的。

导购员:小一匹的,但比一匹的就少一个平方,你的房间要是22平方的话这款就行。

顾　客:有大一匹的吗?

导购员:没有大一匹的,老师。

附注:人很多,导购员介绍功能比较少,而且许多人都在问。

顾　客:他的性能怎么样?

导购员:他是今年的新品,夏天刚到的,这是它的彩页,你看这是……(指这彩页简单说了一下优点)

顾　客:他的价格是多少?

导购员:你要单冷的话就2900元,要是冷暖的话要贵点3100元,你家里有暖气的话我建议你买个单冷的就行。

顾　客:它现在是特价是吧?搞几天啊?

导购员:就周末两天,这是限量销售的,你要的话要快点,我们现在货还有。老师要吗?

顾　客:不忙,我要再看看别的。

附注:后来转回来买了单冷的。

情景5

品牌:万家乐热水器

地点:三联(泉城路)

时间:7月26日

导购员:女,25-26岁

顾客:一对老年夫妇,60多岁

导购员:欢迎光临万家乐热水器,请问你们需要多少升的,我帮你介绍一下。

顾　客:现在就我们两个人用,房子也不大,你看我们选个多大的合适啊?

导购员:你看这款怎么样?(手指其中一款)它采用超薄设计,节省了空间,最适合目前住宅浴室面积要求。

顾　客:这个是多少升的?

导购员:40升的,两个人用,40升就够了,用太大的也是浪费,不过还要看你们自己的意思了,想买个大的也行不过我还是建议你们买这个40升的就可以了。

顾　客:40升的也可以,那你可以为我们简单介绍一下吗?

导购员:好的,你看表面覆膜,使机器更具现代感,独有的线控装置,安装位置可灵活选择,使用起来更加方便,微电脑自动控制(演示)可根据需要自由设定合适温度,便可数码显示水温,更有倒计时定时开机,有故障自动停机报警功能,使用更方便,更安全,还具有防漏电,防干烧,防超温等四重保护,让您使用更放心。

顾　客:它的内胆是什么材料的?

导购员:搪瓷内胆,这个您尽管放心,我们的产品早已通过了国家级认证,质量绝对信得过。

顾　客:它的耗电量是多少?

导购员:0.8 度。

顾　客:0.8 度,是不是有点高啊?

导购员:这个耗电量可不高啊。本机采用倒计时开机,节能省电,最高水温 75 摄氏度,只要水一旦到达最高度,3 到 4 天也不会降,这样就不用重新加热了,岂不是很省电?

顾　客:我们再看看其他的再说吧

导购员:好的,慢走。

情景 6

品牌:海尔冰箱　BCD－187SL

时间:7 月 24 日

地点:澳德乐

导购员:女,25 岁

顾客:一中年妇女,高高胖胖的,38 **岁左右**

情景:直接走到海尔冰箱卖区

导购员:欢迎光临,,海尔冰箱,老师,我们这款冰箱具有抗菌,消毒,除异味功能,而且价格不贵,只有 3160 元,并且它是"2V"抗菌技术的升级版。

顾　客:哦。

导购员:(打开冰箱)在冰箱内壁,储藏盒,搁物架等机身结构上运用最先进的二氧化钛纳米材料,只要有光照,冰箱内部发生化学反应,产生强力抗菌成分，可高密度清除病菌和异味分子，连病菌死后的毒素，也被转化成水和二氧化碳等无污染物质，让冷藏空间保持真正的新鲜和健康。

顾　客：那它的储物盒是什么做的？

导购员：（拉出储物盒）是树脂，具有环保功能。

顾　客：它的耗电量怎样？

导购员：每天0.6度，挺省电的。

顾　客：那它的寿命多长？

导购员：老师，说实话，只要你不赶潮流，所有国产好的品牌都是终生的。

顾　客：是吗（笑）行，明天我带我老公过来再看看，你给我张产品简介回去看看。

导购员：好，给。

顾　客：谢谢。

情景7

品牌：普桑

时间：7月20日

地点：北园汽车城

导购员：男，25岁左右

顾客：男，大约50岁左右

情景：顾客一进门就在一款普桑旁边观看，对别的车好像不放在眼里，厅内人很少，导购员不知去向，顾客大声叫，导购员出来

顾　客：有人吗？

在顾客叫了两声后，导购员出来了。

导购员：对不起，有什么需要帮忙的吗？

顾　客：哦，我想买辆车，这辆普桑现在多少钱？

导购员：11.36万

顾　客：价格还是没大降啊！

导购员：您如果想家用车不妨看看我们大众刚推出的三厢POLO，车型、性能都不错，现在价格13.99万，跟这款车差不多，完全不是一个档次的。（导购

员在介绍的同时,手指了指POLO)

顾　客:谢谢,我就想买普桑,这车的性能好,我信的过。

导购员:先生,我们大众的车的性能都不错,您想想,一个公司的产品能两样吗?再说,这款车已经很老了,POLO很适合家用,而且外型时尚、美观,车可不是一般的消费品,你可得好好想想。

顾客似乎有所领悟,沉思一会儿,说:有这车的说明书让我看看吗?(POLO)

导购员:(递上)POLO还有两厢的,那辆家用车才12万(POLO两厢)

顾　客:哦,挺漂亮,不过,我怎么还是觉得普桑好,这车我都开了好几年了,一直没什么毛病,性能也不错。

导购员:都是大众的产品,您放心,都差不了。

顾　客:我再想想吧!谢谢!

导购员:您如果还有什么要问的尽管打电话找我,这是我的名片(双手递上名片)

导购员送客人出展厅,非常融洽。

情景8

品牌:帕萨特

时间:7月26日

地点:北园汽车城

导购员:男,24岁左右

顾客:男,大约40多岁

情景:顾客穿着很好,打的来到汽车城,看了看汽车城情况,然后进入大众展厅

顾　客:你好,我过来看看商务用车,这里大体有什么品牌?

导购员:我们是大众的特约经销商。

顾　客:哦,那你们这儿哪些车适合商务用的?

导购员:普桑、桑塔那2000、帕萨特,同型号还有不同的类型。刚推出的带天窗的2000就不错,配置和帕萨特差不多……

顾　客:那帕萨特呢?

导购员:帕萨特是比较高档的一款。

顾　客:帕萨特多少钱?

导购员:这款2.0手动档的20.64万,自动档的22.07万,还有这款自动手动一体化的变速箱的27.43万。

顾　客:太贵了。

导购员:一分价钱一分货啊! 厂里面买这车多少档次啊?

顾　客:你们那款2000多少钱?

导购员:17万多,厂里买车,差3万块钱,真不如买帕萨特了。

顾　客:恩,我得回去和我们厂长商量商量。

导购员:这是我的名片(导购员双手递上名片,送顾客出展厅)

情景9

品牌:奇瑞风云

时间:7月27日

地点:北园专卖。

导购员:男,20岁左右。

情景:顾客进入展厅就对风云的车比较感兴趣,导购员过去和顾客打招呼。然后顾客问了几款车的价格,导购员一一做了介绍,后来顾客在一辆带天窗的车前仔细地看了。导购员就介绍了那款车。

导购员:这是风云的加长的一款,价格是12.1万的,它加长了十几公分。

顾　客:哦,加长的才十二万,都有什么配置啊?

导购员:这款车的配置很齐的,不过就是国产的,所以也就这个价。

顾　客:哦。

导购员:ABS、EB系统,双安全气囊,这车都有,门全是中控的,里面都是真皮的,而且外型也很好看,很上档次的。

顾　客:这款可以加天窗吗?

导购员:这个不可以,那款带天窗的没有加长的。

顾　客:哦,是这样啊,那这车最快能开多快啊?

导购员:180 公里。

顾　客:那油耗是多大啊?

导购员:百公里是 6.5 个油。

顾客上车看了看。

导购员:这里面是仿桃木的内饰,真皮座椅……

顾　客:能打开后备厢看看吗?

导购员:可以啊。

顾　客:这多大啊?

导购员:550L 的,后排可以放倒,那样就有 1360L 的。这车的空间很大。

顾　客:还行,能试车吗?

导购员:可以啊,我们门口的车就是啊。

顾　客:现在就可以试车吗?

导购员:您带驾照了吗?

顾　客:我带了。

导购员带顾客试车。之后顾客好象很满意,就问可以怎么付款?

导购员:您可以一次性付款,也可以分期,这个办手续你可以详细谈。

顾　客:哦,分期首付多少啊?

导购员:20%

顾　客:你们的售后服务怎么样啊?

导购员:您可以放心。我们是 4S 的服务店,而且有山东最大的售后服务站,我们还可以提供 24 小时紧急救援。

顾　客:哦,好,那我明天再过来详细谈谈,有现车吧?

导购员:有。我现在就可以带你去车库看。

顾　客:今天不用了,明天吧。就这样,谢谢。

导购员:不客气。

导购员送顾客走。

情景10

品牌:赛纳

时间:7月28日

地点:北园汽车城

导购员:男,24岁左右

顾客:一对夫妻,大约30岁左右

情景:顾客打的来到销售公司,进入展厅,在打开车门看赛纳的时候,导购员过来服务

顾　客:这车多少钱?

导购员:16.98万。

顾　客:我朋友买的好象还低一点啊。

导购员:不会啊。我们这里是全省统一的价格,不可能的。公司和我们都是签了合同的。

顾　客;是吗?那现在价格可以便宜吗?

导购员:这是公司定的 ,我们也没有办法。

顾　客:我们来看过这车,觉得挺好的,也是真心想买的,一点都不能降了吗?

导购员:我们给你的已经是最低价了。

顾　客:你们的售后服务怎么样啊?

导购员:我们是四S销售服务店,这个你可以放心。

顾　客:那能保修多长时间?

导购员:我们是山东最长的,两年60000公里。而且我们有24小时的服务热线,在哪里都可以打这个电话,我们能在最短的时间里给您帮助,还有在哪里都可以买到车的配件,很方便的。

顾　客:我能试车吗?

导购员:可以啊。外面停的就是。

导购员带顾客试车,之后顾客很满意,打算要这款车,去了二楼经理室,当天提了车。

情景 11

品牌:青岛一木衣柜,沙发

时间:7 月 19 日

地点:德百家居市场

导购员:男,40 左右。

顾客:中年夫妇

导购员:这衣柜是 6610 元的,你要看什么?

顾　客:衣柜就这么贵呀?这是什么材料做的?

导购员:是高密度板做的,而且是青岛一木的,是牌子的。

顾　客:那这沙发是多少钱?

导购员:这沙发是 5980 元的,是牛皮的,这个颜色和衣柜都是一套的,很上档次的,而且皮子又好,很舒服的,你们试试看。

顾　客:倒是挺舒服的

导购员:这沙发和衣柜放在家里很上档次,而且这又是有牌子的,一般都是这么买一套的

顾　客:我们买衣柜和沙发,能便宜吗?

导购员:不能便宜的,我们这里不像一楼的,还可以还价,这都是全国统一价,我们现在已经是在打折的。

顾　客:我们再看看吧。

情景 12

品牌:广东精工家私餐桌

时间:7 月 20 日

地点:德百家居广场

导购员:女,27 岁左右。

顾客:年轻夫妇

导购员:你好!

顾 客：这餐桌是什么材料做的？

导购员：是樱桃木，前天刚来的新款，已经卖了4套了，都是新婚夫妇来买的，你们也是结婚用的吗？这款独特的地方就是中间是抽拉式的，人多的时候把中间的挪出来，很节省空间的。

顾　客：这是什么玻璃做的？

导购员：这是钢化玻璃，很美观大方，放在家里很上档次的。

顾　客：多少钱？

导购员：4把椅子是2800元的，你们坐坐看看，这椅子也是樱桃木做的，坐着很舒服的。

顾　客：那6把椅子的是多少钱？

导购员：3100元，我们这个餐台也很好，那种款式中年人买，这个一般年轻夫妇来买，而且我们都是从仓库拿的，这款卖的很好。

顾　客：真的很漂亮。

导购员：现在要吗？也可预定的。

顾　客：我们要这套。

导购员：行，给你们开票。

情景13

品牌：明雅家沙发
时间：7月27日
地点：山东东亚商城家具市场
导购员：女，28岁左右
顾客：中年夫妇

导购员：要这张沙发吧，这张质量挺好的，样子也挺好看，颜色也朴素大方，与房间的颜色也好搭配。你们不是刚才来过吗？我已经和你们说了，这个沙发质量都挺好的，很舒服的。

顾　客：价格能不能再便宜一点？

导购员：这个价格已经是最低了，这个质量很好，要是要别的，我可以给你便宜点。

顾　客:能不能给我们批发价?

导购员:老师,你真会开玩笑,这个价已经不赚你们钱了,你总应该让我们赚点吧!你们也是回头客,我不会给你太高的价钱的。

顾　客:我们还是再转转吧

导购员:好的,你们再转转,我们这个沙发价格绝对合理,你再去别家看看也行,我没有和你们多要。

顾　客:好的,我们转转再说吧。

情景14

品牌:大连华丰

时间:7月11日

地点:东亚家具城

导购员:一中年女性

顾客:2青年男女

情景:2青年男女在家具前和导购员交谈

导购员:您是为结婚而做准备吧?

顾　客:对啊,我们来看看有没有合适的家具。

导购员:我们这里有配套的,床和其他的都有,床是很舒适的,您可以坐上去试试。

女顾客随即用手摸了摸床垫,再轻轻地坐了上去。

顾　客:以前就知道这个牌子,好象很有名气的。

导购员:对,我们是在中央电视台做广告的。

顾　客:哦,对的。

导购员:这张是大床,180CM的。

顾　客:这些小桌子是配在沙发上的吗?

导购员:是的,主要是为了您方便在家里招待客人喝茶什么的。

顾　客:这个柜子的高度是多少?

导购员:大概2.2米,这样的高度已经够您放东西了,另外如果房子够大的话,在柜子的上面您还可以放音响。

顾　客:哦,好的,这张床你们要多少钱?

导购员:1200 元。

顾　客:能不能再便宜点啊?

见顾客不停得围绕着床看,看得出还是满意的。

导购员:我们是全国统一的价钱,总公司规定的。

顾　客:好吧,你找个人帮我们抬床。

导购员:好的,您先到那边交款,我这就去叫人帮你运。

导购员用品牌优势抓住了顾客的心理,成功做成了买卖。

情景 15

品牌:黄金搭档

时间:7 月 13 日

地点:德州益寿大药房

导购员:女,40 岁左右

顾客:中年妇女

情景:直接走到柜台

导购员:你想要什么?

顾　客:补充维生素的。

导购员:这个黄金搭档就可以,对女性、儿童、青少年、中老年人缺乏维生素及矿物质挺好的,你是自己用还是送人?

顾　客:送老人。

导购员:这个对老年人记忆力衰退、反映迟钝、视力差、睡眠质量差 、胃口不好、易骨折都很有效果的。

顾　客:我看看。

导购员 :这个可以补充钙、铁、锌、维生素 C、E 等都很管用,现在很多人都认为多吃蔬菜水果就可以补充维生素矿物质了,其实不是,这些只能补充维生素 C,其他的就严重缺乏了,所以要及时补充 。

顾　客:那这个停用了还会缺乏吗?

导购员:维生素 C、E 等营养物质在人体内停留的时间也不过24 小时,如果缺乏要及时补充，否则对身体不利，即使以后再补也无法弥补，只能阻止进一步的损伤，所以的要坚持每日补充。

顾　客：那我先要一盒。

情景 16

品牌：银杏叶茶

时间：7 月 15 日

地点：健民药店

导购员：女，27 岁左右

顾客：中年妇女

情景：直接走到柜台

导购员：老师要什么？

顾　客：有保健的茶吗？

导购员：这银杏叶茶就是茶保健品，可以调节血脂、润肠通便。

顾　客：还有其他功能吗？

导购员：还可防治心脑血管疾病、高血压、高血脂 、增强记忆力、预防冠心病、心脏病，提高人体耐缺氧能力，延缓衰老、排毒、祛斑 。

顾　客：这怎么喝啊？

导购员：每天一袋，排毒通便；两袋调节血脂；三袋提高人体耐缺氧能力、免疫功能、延缓衰老，如果长期服用能达到免疫调节的功效。

顾　客 ：来一盒吧。

情景 17

品牌：生命一号

时间：7 月 20 号

地点：开心大药房

导购员：护士，20 岁左右

顾客：家长和他的孩子

情景：家长正在为孩子精心的选着保健品，似乎有问题困住了他们。

导购员：你们好，请问需要我的帮忙吗？

顾　客：哦，我正在为孩子选点保健品，可是保健品这么多，让我们挑花了眼，不知道选哪个了，不知道你可不可以给点建议。

导购员：哦，孩子上高中了吧？

顾　客：对，快高三了，压力挺大，想让他放松放松，给他吃点补品，增强体力，有充足的精力去和别人竞争。

导购员：那么试一试生命一号吧，据消费者反馈的消息，都说这个很好，能保持旺盛的精力，而且对消除用脑疲劳有很好的效果，这种产品主要针对的消费群体就是学生，你可以试一试。

顾　客：哦，听你这么一说，我真的想让孩子试一试。

导购员：你可以试一试，用了就可以看到它的效果了。

顾　客：那就给我拿点这个吧。

情景 18

品牌：花花公子（男士凉鞋）

时间：7 月 25 日

地点：银座商城（大学路店）

导购员：女，20—23 岁之间

顾客：一男士，身高 1,75 米，上穿暗红色横格 T 恤，下穿浅黄色休闲裤子

情景：从其他柜台走到此柜台

导购员：欢迎光临。

顾　客：边走边看鞋走到一双皮鞋旁，拿起一双黄色休闲鞋看。

导购员：先生，这些都是刚到的新款，样式挺新颖。

顾　客：这鞋子怎么这么脏啊？

导购员：新款上市很多人想买，拿了看，试穿一下就成这样了，不过这是样品，你喜欢可以拿双新的。

顾　客：好的，拿双来我试一下。

导购员：（去拿鞋）先生，您穿多大的？男士的只有 41、43 码的。

顾　客:这么不巧,我穿42码的。

导购员:对不起,我们每一码鞋只进几双,要不你改天再来?

汇总:本柜台的导购员在无本款式时,没有把顾客引向其他的款式需求上,是一大失误。

情景19

品牌:俊果女鞋

时间:7月11日

地点:澳德乐一层

导购员编号:02309 30岁左右,兰色职业装

顾客:两个女性朋友,留着披肩发,年龄30左右

情景:购买者想买与朋友同款的鞋子,来到此展台

导购员:欢迎光临,请顺便看一下。

顾　客:(直接拿与欧阳同款的凉鞋,黑色)不是很好配衣服(导购员把镜子移过来)

导购员:好配啊,深色,浅色都行。

顾　客;(看上去不是很满意)换了一双橘红色的。

导购员:这种颜色不是很艳,而且挺洋气的,好配衣服。

顾　客:(又试了一双白色的,白色与橘色的各穿一只进行比较)跟太高了,是不是很累啊?

导购员:这种底今年很流行,款式好,卖的挺好的。

顾　客:你看我这件衣服。

导购员:你这黑色裙子配起来挺好的,你让你朋友看一看。

顾　客:(左右来回走)就要这双了,保修多长时间?

导购员:3个月。

汇总:导购员充分利用了朋友的评价对购买者的影响,导购成功。

情景20

品牌:查理女鞋

时间:7 月 17 日

地点:德百一楼

导购员:女,1.65 米,穿制服,编号 40093

顾客:一位中年女士,50 岁左右,上穿短袖褂,下穿黑裤

情景:走到凉鞋旁,与导购员进行交谈后,买下一双黄色敞口凉鞋

导购员:欢迎光临!

导购员:阿姨,你想买双什么鞋?

顾　客:买双凉鞋。

导购员:我看您穿这样式的不错,跟儿不是很高,颜色也好配衣服,要不您试一下?

顾　客:那你给我拿双 37 的吧!

导购员:这双就是 37 的,您先试试吧! 那边有座位!

导购员:怎么样? 感觉舒服吗?

顾　客:敞口这边有点紧。

导购员:您走一下试试!

顾　客:走起来压脚!

导购员:我再给你拿双 38 的吧!

顾　客:(试穿)感觉鞋带有点松!

导购员:鞋带可以自己调松紧,紧一下就可以了!(边说边蹲下来为顾客紧鞋带!)好了! 你再走走还松吗?

顾　客:可以了!

导购员:那就要这双了吧!

顾　客:你给我包一下!

导购员:谢谢光临! 再见!